自得

松下幸之助

自得するという心がまえなしに、ただ教わったとおり、本で読んだとおりにやったとしても、一応のことはできるかもしれないが、ほんとうのプロにはなれない。

創業記念式で「所主告辞」を読み上げる壇上の松下幸之助。昭和7（1932）年、自得の日々の末、“物資を水道の水のように無尽蔵たらしめることをとおして人々の幸福を実現する”ことこそが産業人の真の使命である（いわゆる「水道哲学」）と悟り、この年を「命知《めいち》元年」とした（命知とは真の使命を知ったという意味）。写真は昭和８年５月５日、大阪の中央電気倶楽部で開かれた第２回創業記念式、松下38歳

松下電器の経営理念の中核をなす「綱領・信条」を制定し、昭和恐慌を乗り切ったころ
（昭和4〈1929〉年、34歳）

自得の日々

大正13（1924）年ごろ　大阪市北区（現在は福島区）大開町《おおひらきちょう》の工場の様子。松下は、生きた経営や仕事のコツはすべて現場での実践の中にあると考えた。後列右端が松下（29〜30歳ごろ）。隣は加藤大観《たいかん》（次頁に説明）

昭和13（1938）年ごろ、高野山・西禅院《さいぜんいん》にある石灯籠前にて、松下幸之助の人生に影響を与えた恩人たちと。写真左から２人目より、五代音吉《ごだいおときち》夫人ふじ、真言宗僧侶加藤大観、松下夫人むめの、五代音吉、松下、西禅院住職（当時）後藤義応。

西禅院は松下の旧奉公先・五代家の菩提寺で、この年、松下は旧主人五代音吉（６代目五代五兵衛）のすすめで松下家の墓と物故従業員慰霊塔を建立し檀家となった。写真は五代と松下による石灯籠の寄贈を記念して撮影されたもの。商売人としてのいろはを教えてくれた五代を、松下は生涯恩人として敬い続けた。

加藤大観は真言宗の僧で、縁あって一時期、居をともにし、昭和28（1953）年までの十数年間、松下の健康と松下電器の発展のために勤行《ごんぎょう》を続けながら、“相談役”の役割を果たした。

「我以外みな我が師」が信条の松下は、周囲の人たちとの交流の中から人生や事業の要諦《ようてい》をみずから感得していった。写真は松下が43〜44歳ごろ（所蔵：西禅院）

実践経営哲学／経営のコツここなりと気づいた価値は百万両

Konosuke Matsushita
松下幸之助

PHPビジネス新書
松下幸之助ライブラリー

PHPビジネス新書「松下幸之助ライブラリー」創刊の辞

二〇一四年は、祖父・松下幸之助の生誕から百二十年の節目の年であると同時に、没後二十五年の年でもあります。これまで弊社では、創設者である幸之助の考え方をより多くの方に知っていただくべく、幸之助みずからが著した著書の出版にくわえ、さまざまなかたちでその事績や発言、哲学などを広くご紹介する活動を続けてまいりました。

そのようななか、昨年末に幸之助の代表的な著作である『道をひらく』が、初版から四十六年の時を経て累計発行部数五〇〇万部を突破するにおよび、私どもは、やはり幸之助自身の著書こそ多くの方に求められているのではないかとの思いを深めるにいたりました。

そこで、このたび「松下幸之助ライブラリー」を立ち上げ、これまで単行本や文庫などのかたちで発行してきた著書のうち主要なものを、よりビジネスパーソンが手に取りやすいシリーズとして集約し、リニューアル刊行することにいたしました。祖父・幸之助の著作がよりいっそう皆様にお役立ていただけますならば、これに勝る喜びはございません。

二〇一四年三月

PHP研究所会長　松下正幸

新書版『実践経営哲学／経営のコツここなりと気づいた価値は百万両』（合本）発刊にあたって

昭和五十三（一九七八）年刊の『実践経営哲学』と昭和五十五（一九八〇）年刊の『経営のコツここなりと気づいた価値は百万両』は、松下幸之助の一連の著作にあって、ひときわ経営者の評価が高いものです。その理由は、この二冊の内容が経営学のテキストのように経営に関する知識や技術を開陳するものではなく、実際の経営において経営者が身につけるべき基本の考え方や、判断のよりどころとなる経営の勘所《かんどころ》を的確に説き明かしているからだといえましょう。

それが時代を超えて説得力を持つのは、「衆知を集めること」「雨が降れば傘をさす」といった各項目が、松下の七十年に及ぶ豊富な経験に裏打ちされているからにほかなりません。小学校すら卒業できず学は無きに等しい松下にとって、日々の現場こそが経営の道場でした。知識や技術を習い覚えるのではなく、みずから体感し、会得してきたわけです。

そのことは松下自身、率直に語っています。昭和五十二（一九七七）年の、とある日、松下電器（現パナソニック）の幹部を対象にしていたＰＨＰのゼミナールに松下がひょっこり顔を出したことがありました。ＰＨＰ研究所では、当時から松下の経営理念と実践事例を題材に、日々の仕事や経営の糧を得ていただこうとゼミナールを開催していたのです。松下は、受講者を前に次のように語りました。

「この研修で示されるのは、ぼくはこのときこういうようにやったという一つの考え方、精神やな。けど、今は時代も変わっているから、そのまま通用するかどうか分からん。だから、その精神を今の時代なり、現在の商売の状況に合わせて、自分で考えないかんな。そやないと〝本読み〟になってしまう。それでは具合が悪い。研修を受けて、〝なるほど感ずるところがある〟と思ったならば、その感ずるところに自分の個性なり持ち味というものを生かしていく。その生かし方がまずいと、力があってもあかんわけや。だから自分というものの特色を、自分でつかまんといかんな。まあ、ぼくがやってきたのは、よそで聞いたこともあるけど、大部分は自分の独創的な考えでやったわけやな。けど、まったく独創かというとそうやない。やはり小さいときからの奉公でいろいろ教えてもらったりしたことが頭に残っていて、そういうものがひらめいて自分を生かしているわけや。商売でもみんな行き方が違う。それでそれぞれに成功している。だからこういう行き方でないとあかんということはないわけや。やはり自分というものを発見せんとね」

松下はしばしば、「〝経営学〟は学べるが、生きた〝経営〟は教えるに教えられず、習うに習えない」とも語っていましたが、まさしく経営とは他人から学ぶものではなく、その人みずから、自分なりの成功する行き方を見つけられるかどうかにかかっているのでしょう。そうした意味では、本書を手に取っていただいた皆さんの前に、もし松下が姿を現したとすれば、先ほどの研修での言葉と同じことを話すに違いありません。

〝本読み〟になってはいけないということを申し上げつつ本書をお勧めするのは、一見矛盾するかもしれません。しかし、松下が長年の経験から感得した哲学やコツを一つの指標として、その真理を日々の経営の中で見極めていくことは、みずからの経験だけをよりどころにするより、自身の行き方をより早く、より的確に確立することにつながるのではないでしょうか。

「同行二人《どうぎょうににん》」という言葉があります。西国巡礼者は道中、いつも弘法大師とともにあるという意を示すものですが、松下を慕う多くの経営者や管理者が、これまで『実践経営哲学』と『経営のコツここなりと気づいた価値は百万両』の二冊を、手垢《てあか》がつくまで手許《てもと》に置いてくださってきたのは、巡礼者と同じような感覚があってのことでしょう。これからも同様に、本書が読者の皆様にとって、松下の思いをみずからの体験と重ね合わせつつ、それぞれの経営の行き方や価値あるコツとなるものを見出していただくきっかけになることを心から願っております。

二〇一四年六月

PHP研究所　経営理念研究本部

【おことわり】

・『実践経営哲学』では、各項目が〝松下の経営哲学二十カ条〟ともいうべき内容だとの観点から、単行本・文庫にはなかった通し番号をふっています。

・本書では、松下電器グループ各社、およびその他の企業名は、旧版の発刊当時の社名をそのまま使用しています。

・「〇年前」などの時系列を表す表記も、発刊時点での表記のままとしていますが、必要に応じて年代を付記するなどしています。

・旧版発刊当時の時代状況に関する記述については、現代では必ずしも事情が同じでないものや、適切でないとされる表現も含まれますが、当時の時代状況に鑑み、そのままの表現を残しているものもあります。ご了承ください。

実践経営哲学／経営のコツここなりと気づいた価値は百万両

目次

実践経営哲学

経営のコツここなりと気づいた価値は百万両

第一章　商売のコツ　経営のコツ

第二章 経営者の心得

実践経営哲学

まえがき（旧版）

私がささやかな姿で事業を始めてから、ちょうど六十年になります。六十年というと、人間であればいわゆる還暦、本卦還《ほんけがえ》りになります。生来病弱であった私が、この年までそれなりにやってこられたということはまことに望外の喜びです。そしてこの六十年のあいだに、当初わずか三人で出発したものが、世の多くの方々のお引立てを得て、今日、関係会社を含めると十万人を超えるまでにいたりました。成功といえば非常な成功ですが、私にとってはこれまた思いもよらなかったことで、ただただ感謝あるのみというのが偽りのない心境です。

本書は、そうした私の六十年の事業体験を通じて培い、実践してきた経営についての基本の考え方、いわゆる経営理念、経営哲学をまとめたものです。経営理念、経営哲学というと、いささかいかめしい感じもしないではありませんが、もとよりこれは学問的に研究したというものでもありませんし、体系的に整備されたものでもありません。あくまで実践的なものであり、私は経営というものは、このような基本の考えに立って行うならば、必ず成功するものだと体験的に感じているのです。

その意味から、会社がちょうど六十周年という本卦還りの年を迎え、いわば新たに第二の出発をしようというこの際に、こうした私の経営に対する見方、考え方をまとめて、ご参考に供することもそれなりによいことではないかと考えて発刊するものであり、ご高覧いただければ幸いです。

昭和五十三年六月

松下幸之助

一　まず経営理念を確立すること

私は六十年にわたって事業経営に携わってきた。そして、その体験を通じて感じるのは経営理念というものの大切さである。いいかえれば〝この会社は何のために存在しているのか。この経営をどういう目的で、またどのようなやり方で行なっていくのか〟という点について、しっかりとした基本の考え方をもつということである。

事業経営においては、たとえば技術力も大事、販売力も大事、資金力も大事、また人も大事といったように大切なものは個々にはいろいろあるが、いちばん根本になるのは、正しい経営理念である。それが根底にあってこそ、人も技術も資金もはじめて真に生かされてくるし、また一面それらはそうした正しい経営理念のあるところから生まれてきやすいともいえる。

だから経営の健全な発展を生むためには、まずこの経営理念をもつということから始めなくてはならない。そういうことを私は自分の六十年の体験を通じて、身をもって実感してきているのである。

しかし実をいえば、私自身事業を始めた当初から明確な経営理念をもって仕事をしてきたというわけではない。私の仕事はもともと家内と義弟の三人で、いわば食べんがために、ごくささやかな姿で始めたことでもあり、当初は経営理念というようなものについては、何らの考えもなかったといっていい。もちろん、商売をやる以上、それに成功するためにはどうしたらいいかをあれこれ考えるということは当然あった。ただそれは当時の世間の常識というか、商売の通念に従って、〝いいものをつくらなくてはいけない。勉強しなくてはいけない。得意先を大事にしなくてはいけない。仕入先にも感謝しなくてはならない〟というようなことを考え、それを懸命に行うという姿であった。

そういう姿で商売もある程度発展し、それにつれて人もだんだん多くなってきた。そして、そのときに、私は〝そういう通念的なことだけではいけないのではないか〟ということを考えるようになったのである。

つまり、そのように商売の通念、社会の常識に従って一生懸命努力することはそれはそれできわめて大切であり、立派なことではあるけれども、それだけではなく、何のためにこの事業を行うかという、もっと高い〝生産者の使命〟というものがあるのではないかと考えたわけである。

そこで私なりに考えたその使命というものについて、従業員に発表し、以来、それを会社の経営基本方針として事業を営んできたのである。

それはまだ戦前の昭和七年のことであったけれども、そのように一つの経営理念というものを明確にもった結果、私自身、それ以前に比べて非常に信念的に強固なものができてきた。そして従業員に対しても、また得意先に対しても、言うべきことを言い、なすべきことをなすという力強い経営ができるようになった。また、従業員も私の発表を聞いて非常に感激し、いわば使命感に燃えて仕事に取り組むという姿が生まれてきた。一言にしていえば、経営に魂が入ったといってもいいような状態になったわけである。そして、それからは、われながら驚くほど事業は急速に発展したのである。

不幸にして、その後戦争が始まり、そして敗戦となって、戦後の混乱の中で会社経営は著しく困難に陥ったけれども、そうした困難の中で支えになったのは、その生産人としての使命感であり、何のためにこの経営を行なっていくのかという会社の経営理念であったと思う。

そうした会社の経営理念というものは、戦前戦後を通じて基本的にはいささかも変わっていないといってよい。それにもとづく具体的な経営活動はその時々で変わっているけれども、経営理念は不変である。一貫して同じ一つの経営理念に立って経営を行なって、幸いにしてそれが世間の支持を受け、今日の姿に経営を発展させてくることができた。

また戦後は、海外において経営を展開する機会も多くなってきた。そういう場合でも、経営の基本理念は日本におけるものと基本的に変わりはない。

もちろん、適用の仕方というか、具体的な経営についていては、その国その国の実情によってそれぞれに異なっているけれども、根本となる経営理念は一つである。そして、そういう姿において経営を展開していって、必ずそれはそれらの国々において受け入れられ、それなりの成果があがっているのである。

そういうものが私自身の経験であるが、このことは私の場合だけでなく、あらゆる経営についていえることである。

今日の社会には大小たくさんの企業がある。小は個人商店から大は何万人もの人を擁する大企業もある。またふつう経営というと、企業の経営だけがそうみなされるようだが、さらに考えれば、経営には、単にそうした企業の経営だけでなく、お互い個々人の人生経営、あるいはいろいろな団体の経営、さらには一国の国家経営というものまであるといえよう。

そうしたあらゆる経営について、〝この経営を何のために行うか、そしてそれをいかに行なっていくのか〟という基本の考え方、すなわち経営理念というものがきわめて大切なのである。

国家に〝この国をどのような方向に進めていくか〟という経営理念があれば、各界各層の国民も、それにもとづいて個人として、また組織、団体としての進み方を適切に定めやすく、そこから力強い活動も生まれてくる。また他国との関係にしても、しっかりした方針のもとに主張すべきは主張しつつ、適正な協調を生み出していきやすい。

ところがそういう経営理念がないと、国民の活動もよりどころが見出せず、バラバラになりがちになり、また他国との関係も場当たり的になって、相手の動きによって右往左往するといった姿になってしまう。

したがって、一国の安定的な発展のためには、国家経営の理念をもつということが何にもまして大切なわけである。

企業経営においてもそれと同じことで、正しい経営理念があってこそ、企業の健全な発展もあるといえる。刻々に変化する社会情勢の中で、次々と起こってくるいろいろな問題に誤りなく適正に対処していく上で基本のよりどころとなるのは、その企業の経営理念である。また、大勢の従業員を擁して、その心と力を合わせた力強い活動を生み出していく基盤となるのも、やはり経営理念である。

だから経営にあたっては、単なる利害であるとか、事業の拡張とかいったことだけを考えていたのではいけない。やはり根底に正しい経営理念がなくてはならない。

そして、その経営理念というものは、〝何が正しいか〟という、一つの人生観、社会観、世界観に深く根ざしたものでなくてはならないだろう。そういうところから生まれてくるものであってこそ、真に正しい経営理念たり得るのである。

だから経営者たる人は、そのようなみずからの人生観、社会観、世界観というものを常日ごろから涵養《かんよう》していくことがきわめて大切だといえる。

さらにいえば、その人生観、社会観、世界観は、真理というか、社会の理法、自然の摂理にかなったものでなくてはならない。もし、それに反するようであれば、これは真に正しい人生観、社会観、世界観とはいえないし、そこから生まれてくる経営理念も適切さを欠くということになってしまう。

結局、ほんとうの経営理念の出発点というものは、そうした社会の理法、自然の摂理というところにあるのである。そこから芽生えてくる経営理念は、その活用の仕方にはその時々の情勢によって多少の変化はあるであろうが、その基本においては永遠不変といっていいと思う。

いいかえれば、人間の本質なり自然の摂理に照らして〝何が正しいか〟ということに立脚した経営理念というものは、昔も今も将来も、また日本においても外国においても通じるものがある。私は自分の体験からそのように考えているのである。

そういうことで、自然の摂理とか真理というものに思いをいたしつつ、〝何が正しいか〟という人生観、社会観、世界観に立った経営理念をもち、それに基礎をおいて、時々刻々の経営を行なっていくことがきわめて大切だと考えるのである。

二　ことごとく生成発展と考えること

　正しい経営理念というものは、単に経営者個人の主観的なものではなく、その根底に自然の理法、社会の理法といったものがなくてはならない。それでは、その自然の理法、社会の理法とはどういうものだろうか。

　これは非常に広大というか深遠というか、人知をもって究め尽くすことはむずかしいといってもいいものであろう。しかし、あえていうならば、私は限りない生成発展ということがその基本になるのではないかと思う。

　この大自然、大宇宙は無限の過去から無限の未来にわたって絶えざる生成発展を続けているのであり、その中にあって、人間社会、人間の共同生活も物心両面にわたって限りなく発展していくものだと思うのである。

　そういう生成発展という理法が、この宇宙、この社会の中に働いている。その中でわれわれは事業経営を行なっている。そういうことを考え、そのことに基礎をおいて私自身の経営理念を生み出してきているわけである。

たとえば、資源の枯渇ということがいわれている。もう何十年かしたら資源がなくなってしまう、そうなると人間は生きていけなくなるというような極端な考え方もある。

しかし、私は基本的にはそうは考えないのである。確かに、個々の資源というものをとってみれば有限であり、使っていくうちになくなるものも出てくるだろう。けれども、それにかわるものは人知によって必ず生み出し、あるいは見出すことができると考えるのである。現に人間は過去の歴史において、そういうことをしてきている。昔に比べて、はるかに人口も増えているけれども、人口の少なかった昔の生活はずっと貧困であり、今日では一般庶民でも、ある面では昔の王侯貴族も及ばないような生活をしている。

それは、そういうことができるように、この大自然がなっているのであり、また人間がそのようにつくられているからであろう。いいかえれば、限りない生成発展ということが、自然の理法、社会の理法として厳として働いているからである。

もし、資源があと何十年かで枯渇し、人間生活もきわめて貧困になってくるというのであれば、お互いの事業経営も、それに相応したものにならざるを得ない。新たな投資とか、そういうことはもちろん必要がなくなるし、場合によっては、事業そのものも縮小するなり、やめるということにもなりかねない。

しかし、宇宙に存在する万物は日に新たに、限りなく生成発展を続けていくという考えに立つならば、おのずとそれとは違ってくる。成長、発展のテンポというものには、その時々で違いはあろうけれども、この人間の共同生活は限りなく生成発展していくものだということになれば、それに応じた物資なりサービスなりの供給も時とともに増加させていくことが求められてくる。そうでなくては生成発展にならない。だから事業経営としても、原則としては次々と新たな開発、新たな投資を行なっていくことが必要になってくるわけである。

もちろん、生成発展とは、一方で絶えず新しいものが生まれているということであるから、その一方で衰退というか、消滅していくものもあるわけである。そういうすべてを含んで、全体として生成発展しているということである。

事業経営においても、個々の商品なり業種については、一定の寿命というようなものが考えられよう。けれどもそれだけを見て、全体としての大きな生成発展ということを見失ってはいけない。

やはり、この人間の共同生活、さらにはそれを包含する大自然、大宇宙は絶えず生成発展しており、その中でわれわれは事業活動を営んでいるのだという基本の認識は、どんな場合でもきわめて大切である。そういう明確な認識が根底にあってこそ、いかなる場合においても真に力強い経営を展開していくことが可能になるのである。

三　人間観をもつこと

経営は人間が行うものである。経営の衝にあたる経営者自身も人間であるし、従業員も人間、顧客やあらゆる関係先もすべて人間である。つまり、経営というものは、人間が相寄って、人間の幸せのために行う活動だといえる。

したがって、その経営を適切に行なっていくためには、人間とはいかなるものか、どういう特質をもっているのかということを正しく把握しなくてはならない。いいかえれば、人間観というものをもたなくてはならないということである。だから、正しい経営理念というものはそういう人間観に立脚したものでなくてはならないといえる。

そのことは単に企業経営だけでなく、人生経営、国家経営などあらゆる経営、さらにはおよそ人間が行ういっさいの活動についていえることである。

人間がみずからの何たるかを的確に知らないというのでは、その活動も真に適正なものたり得ない。たとえていえば、人間は牛や馬をはじめ、いろいろな動物を飼育している。

その場合、それらを最も適切に飼育しようと思えば、まず牛なら牛の特質、馬なら馬の特質を的確に認識しておかなくてはならない。どのような食物を好むか、どういう習性をもっているかなど、その動物の特質を知ってはじめてよき飼育が可能になるのである。

人間の場合も、人間固有の天与の特質というものがある。ただ人間については、他の何者かによって飼われているわけではなく、人間自身の手によってお互いの共同生活を運営している。だから、人間の共同生活を好ましい姿で維持、向上させていくためには、人間が人間自身の本質を正しく把握すること、すなわち人間観をもつことがきわめて大切なのである。

私自身の経営理念の根底にも、私なりの人間観というものがある。それは一言にしていえば、人間は万物の王者ともいうべき偉大にして崇高な存在だということである。生成発展という自然の理法に従って、人間みずからを生かし、また万物を活用しつつ、共同生活を限りなく発展させていくことができる。そういう天与の本質をもっているのが人間だと考えるのである。

人間については過去からいろいろな見方がされてきている。一方では〝万物の霊長〟として、強く偉大なものであるとする見方もあれば、他方には卑小な存在だとする見方もある。それは現実の人間の姿が、さまざまな様相を呈しているところからくるものであろう。今日のような高度な文明、文化を築きあげてきたのも人間なら、同時に悩み、争い、不幸などを絶えずみずから生み出してきたのもまた、過去・現在における人間の一面である。

だから、西欧においては、人間は神と動物の中間に位するものであるということもいわれている。神のごときという面と、動物にも劣るといった面をあわせもっているのが人間であるというわけである。

私は人間が現実にそういう姿を呈していることを否定するものではもちろんない。いわば、神にも動物にも向かい得るという面を内にもっているのが人間であろう。しかし、そうしたいろいろな面をもった人間というものを総合的に見るとき、人間は万物の王者としての偉大な本質をもっていると考えるのである。

万物の王者というような表現は、あるいは不遜《ふそん》に響くかもしれない。しかし、私が考える王者というものは、一方においてすべてを支配、活用する権能を有すると同時に、いつくしみと公正な心をもっていっさいを生かしていく責務をもあわせ負うものである。〝人間は王者である〟という意味はまさにそこにあるのであって、決して、単なる自己の欲望や感情などによって恣意《しい》的に万物を支配するということではない。

そのような人間の天与の偉大さと、それに伴う王者としての責務を人間みずからが自覚し、それを実践していくことが大切なのである。そのときに人間は、不幸や悩み、争いや貧困に明け暮れるという姿から逐次脱し、偉大で崇高なその本質がより多く顕現されてくるであろう。

いま、この〝人間〟をかりにお互いの立場なり仕事に置き換えてみればどういうことになるか。

経営者であれば、経営者はその経営体における〝王者〟である。そこにおけるいっさいの人、物、資金などを意のままに動かす権限を与えられているのが経営者である。しかし同時に彼は、それらの人、物、資金すべてに対し、愛情と公正さ、また十分な配慮をもって、それぞれが最も生かされるような用い方をし、その経営体を限りなく発展させていく責務を負っているのである。

もし、経営者にそうした経営体における王者としての権限と責務に対する自覚が欠けていたら、その経営は決して十分な成果をあげることはできない。

人間は生成発展という自然の理法に従って、人間自身の、また万物との共同生活を限りなく発展させていく権能と責務を与えられている万物の王者である。そのことの自覚、すなわち人間自身による人間観の確立を根底に、個々の経営体における経営者としての自覚をもつ。そういうところから、確固たる信念に裏打ちされた力強い経営が生まれてくるのである。

四　使命を正しく認識すること

　限りない生成発展ということが、自然の理法であり、社会の理法である。このことは、見方を変えていえば、お互い人間は、そうした限りない生成発展を願い求めているということである。

　つまり衣食住をはじめとして、みずからの生活を物心ともに、より豊かで快適なものにしたいということを絶えず願っているのが、お互い人間の姿である。その内容は人により時代によってさまざまであっても、よりよい生活を求めないという人はほとんどいないといっていい。

　そのような人々の生活文化の維持、向上という願いにこたえ、それを満たしていくところに、事業経営の根本の役割というか使命があると考えられる。たとえば、人々が快適な家に住みたいと思っても、そうした住宅の生産供給がなくては、その望みはかなわない。さらには、そのための各種の資材の生産供給というものも必要になってくる。そうした生産供給の仕事を、お互いが事業経営を通じて行なっているわけである。

住宅に限らず、あらゆる生活物資、さらにはサービスとか情報といった無形のものを含めて、人々の生活に役立つ品質のすぐれたものを次々と開発し、それを適正な価格で、過不足なく供給するというところに、事業経営の、また企業の本来の使命がある。いいかえれば、そういうところに〝企業はなぜ必要か〟という企業の存在意義があるわけである。

供給する物資なりサービスなりの内容は業種によりさまざまであっても、そのように事業活動を通じて、人々の共同生活の向上に貢献するということはあらゆる企業に通ずるものである。この根本の使命を忘れた事業経営は真に力強いものとはなり得ない。

一般に、企業の目的は利益の追求にあるとする見方がある。利益についての考え方は別のところ（46ページ）で述べるが、確かに利益というものは、健全な事業活動を行なっていく上で欠かすことのできない大切なものである。

しかし、それ自体が究極の目的かというと、そうではない。根本は、その事業を通じて共同生活の向上をはかるというところにあるのであって、その根本の使命をよりよく遂行していく上で、利益というものが大切になってくるのであり、そこのところを取り違えてはならない。

そういう意味において、事業経営というものは本質的には私《わたくし》の事ではなく、公事であり、企業は社会の公器なのである。

もちろん、かたちの上というか法律的にはいわゆる私企業であり、なかには個人企業というものもある。けれども、その仕事や事業の内容というものは、すべて社会につながっているのであり、公《おおやけ》のものなのである。

だから、たとえ個人企業であろうと、その企業のあり方については、私の立場、私の都合で物事を考えてはいけない。常に、そのことが人々の共同生活にどのような影響を及ぼすか、プラスになるかマイナスになるかという観点から、ものを考え、判断しなくてはならない。

私自身は、自分の会社の活動が社会の人々にとってプラスになっているかどうかということを常に自問自答してきた。〝この会社がなくなったら、社会に何らかのマイナスをもたらすだろうか。もし、何らのマイナスにもならない、いいかえれば、会社の存在が社会のプラスになっていないのであれば解散してしまったほうがいい。もちろん、従業員なり、会社に関係する人は困るだろうが、それは仕方がない。多数の人を擁する公の生産機関として社会に何らのプラスにもならないということは許されない〟、そのように自分でも考え、また折にふれそういうことを従業員にも訴えてきた。

実際そのとおりなのである。共同生活の向上に貢献するという使命をもった、社会の公器として事業経営を行なっている企業が、その活動から何らの成果も生み出さないということは許されない。そういう使命を現実に果たしていってはじめてその企業の存在価値があるのである。

〝企業の社会的責任〟ということがいわれるが、その内容はその時々の社会情勢に応じて多岐にわたるとしても、基本の社会的責任というのは、どういう時代にあっても、この本来の事業を通じて共同生活の向上に貢献するということだといえよう。

こうした使命観というものを根底に、いっさいの事業活動が営まれることがきわめて大切なのである。

五　自然の理法に従うこと

経営というものはまことにむずかしい。いろいろな問題がつぎからつぎへと起こってきて、それに的確に対処していかなくてはならない。考えるべきこと、なすべきことがいろいろあり、それを過たないということは、確かに容易なことではない。しかしまた、考えようによっては、経営はきわめてやさしいともいえる。というのは、それは本来成功するようにできていると考えられるからである。

私は自分の経営の秘訣《ひけつ》というようなことについて質問を受けることがあるが、そういうときに「別にこれといったものはないが、強いていえば〝天地自然の理法〟に従って仕事をしていることだ」という意味のことを答える場合がある。

天地自然の理法に従った経営などというと、いかにもむずかしそうだが、たとえていえば「雨が降れば傘をさす」というようなことである。雨が降ってきたら傘をさすというのは、だれでもやっているきわめて当然なことである。もしも、雨が降ってきても傘をささなければぬれてしまう。これまた当然のことである。

そのように当然のことを当然にやっていくというのが私の経営についての行き方、考え方である。もっとも、雨が降れば傘をさすというのはだれでも分かることだが、これが経営とか商売になると、いささか分かりにくくなってくる。

分かりやすい例でいえば、百円の原価のものを百十円で売るということである。百円のものを百円で売れば、利益がないから商売にならない。だから、百円の原価のものは百十円で売る。あるいは百二十円が社会的に見て適正、妥当な値段だと考えられる場合には、百二十円で売るということになる。それが天地自然の理にかなった経営の行き方である。

さらにいえば、それを売るだけではいけない。売ったならば、必ず代金をもらわなければいけない。集金をしなければならない。これまた当然のことである。

そのように、私のいう〝天地自然の理に従った経営〟というのは、当然なすべきことをなすということである。それに尽きるといってもいいかもしれない。その、なすべきことをキチンとなしていれば、経営というものは必ずうまくいくものである。その意味では、経営はきわめて簡単なのである。

いい製品をつくって、それを適正な利益を取って販売し、集金を厳格にやる。そういうことをそのとおりやればいいわけである。

ところが実際の経営となると、そのとおりやらない場合も出てくる。いい製品をつくらないというのは論外としても、宣伝のためとかいろいろ理屈をつけて、百円のものを九十円で売るようなことをする。自分も損をし、他人にも迷惑をかける。

あるいは、適正な値段で売っても、集金を怠る。それで、物は売れても代金が入らず、黒字倒産するというような結果を生んでいる。そういう例が世間には実際少なくない。要するに、なすべきことをなしていない姿であり、それはすなわち、天地自然の理に反した姿である。経営の失敗というのは、すべてそういうところから生じているといってもいいであろう。

私自身についていえば、そういう点で、なすべきことをなし、なすべからざることをしないようにということを心がけて、ずっと仕事をしてきた。時として判断を誤って、なすべきことをしなかったり、なすべきでないことをしたりしたこともあった。しかし、心がまえとしては、なすべきをなし、なすべからざることをしないということに極力努めてきたつもりである。

限りなき生成発展というのが、この大自然の理法なのである。だから、それに従った行き方というのは、おのずと生成発展の道だといえよう。それを人間の小さな知恵、才覚だけでやったのでは、かえって自然の理にもとり、失敗してしまう。大いに知恵を働かせ、才覚を生かすことも一面きわめて大切であるが、やはり根本は人知を超えた大きな天地自然の理に従って経営をしていくということでなくてはならないのである。

六　利益は報酬であること

企業の利益というと、それをなにか好ましくないもののように考える傾向が一部にある。しかし、そういう考え方は正しくない。もちろん、利益追求をもって企業の至上目的と考えて、そのために本来の使命を忘れ、目的のためには手段を選ばないというような姿があれば、それは許されないことである。

けれども、その事業を通じて社会に貢献するという使命と適正な利益というものは決して相反するものではなく、その使命を遂行し、社会に貢献した報酬として社会から与えられるのが適正利益だと考えられるのである。

それはこういうことである。人々が物をある価格で買うのは、その品物にその価格以上の価値を認めるからである。たとえば百円の価格の物なら百十円なり百二十円なりの価値を認めるから、百円の代金を支払って買うのであって、八十円なり九十円なりの価値しかない物に百円出すということは、特別な事情でもあればともかく、原則としてはしないものである。

それを逆に物を供給している側から見れば、百十円なり百二十円なりの価値のある品物を百円で売るわけで、そこに奉仕ともいうべきものがあるといえる。その奉仕に対する報酬として利益が与えられるのである。

百二十円の価値のある製品をいろいろ努力して九十円の原価でつくり、それを百円で供給する。そういう努力、奉仕に対する報酬がこの場合、十円の利益として買い手から与えられるということである。

だから、その企業が供給する物資なりサービスなりの中に含まれているそうした努力、奉仕が多ければ多いほど、需要者や社会に対する貢献の度合も大きく、したがってまたその報酬としての利益も多いというのが原則だといえる。それなりの奉仕や努力を伴わないいわゆる暴利というものも世間にはないわけではないが、それはあくまで例外であって、本質的には利益というものは企業の使命達成に対する報酬としてこれを見なくてはならない。だから、利益なき経営はそれだけ社会に対する貢献が少なく、その本来の使命を果たし得ていないという見方もできるといえよう。

同時にまた、別の面から見ても、利益なき経営は企業の社会的責任に反する姿だといえる。いいかえれば、企業にとって、その事業を通じて社会に貢献するという使命を果たしていくと同時に、そこから適正な利益をあげること自体がきわめて大切なことなのである。それは、企業の利益というものがどのようなかたちで使われているかを考えてみれば、すぐ分かることである。

今日（昭和五十三年当時）、企業の利益の約半分は、法人税や各種の地方税として国または地方自治体に納めることになっている。その額は法人税の場合、国家の税収の約三分の一にも達するのである。さらに、この税金を引いた残りの少なくとも二〇～三〇パーセントは株主への配当として支払われるが、それに対しても税金がかかる。その税率を平均五〇パーセントとしても、利益の一〇～一五パーセントになる。結局、利益の七〇パーセント近くが税金として納められると考えられる。それだけの税収があってはじめて教育なり福祉なり、あるいはいろいろな社会施設の整備、拡充といったような国や自治体の施策が可能になってくるのである。

だから、もし利益は好ましくないということで、すべての企業が利益をあげなかったらどういうことが起こるか。いうまでもなく、国や自治体の税収がそれだけ減って、結局、国民全体が困ることになるわけである。

現実に、ひとたび不況になって赤字とか減益の企業が続出すれば、その結果、政府も自治体も財政が赤字傾向となり、いろいろ問題が起こってくる。それはお互いの体験が明白に教えるところであろう。もし、すべての企業が常に適正な利益をあげていくならば、場合によっては税率を下げても財政は安定し、国民の福祉や各種の社会施設も着実に拡充されていくであろう。

そういうことを考えてみると、企業の利益というのはきわめて大切なものであることが分かる。だから企業は、どのような社会情勢の中にあっても、その本来の使命の遂行に誠実に努力していくと同時に、その活動の中から適正な利益をあげ、それを税金として国家、社会に還元していくことに努めなければならないのである。それは企業にとっての大きな責務だといえよう。

一般に世間では、赤字を出したというような場合、同情される傾向がある。これも人情としては分からないでもないが、しかしこのような見方からすれば、それはおかしいということになる。適正な利益をあげ、それを国家、社会に還元することが、企業にとっての社会的な義務である以上、赤字を出すことは、その義務を果たし得ていない姿であり、本来それは許されないことではなかろうか。だから、同情的に見るのも人情のしからしむるところかもしれないが、やはり、赤字を出すことは基本的にはよくないことであり、企業の社会的責任を果たし得ていない姿だという認識を自他ともにしっかりもたなくてはならない。

そうした国家、社会への還元とともに、税金を引いた利益の二〇パーセントないし三〇パーセントというものは配当として株主に還元されている。そして今日では各企業の株式は数多くの大衆株主によって保有されているわけである。

企業によっては何十万人という多数の人々がその株主になっている。そのように多くの人々の出資による資金を集めて事業活動をしているのが、今日の企業の姿である。だから、そうした株主に対しては、適正にして安定的な配当をもって報いていかなくてはならないのは当然であろう。そのこともまた、企業にとっての大きな社会的責任である。

企業の業績が不安定で、しばしば減配とか無配という事態になるようでは、株主としても安心してその企業の株式をもっていることはできない。かりにその配当をもって生活の資としているような人があれば、減配や無配になったりすることは死活問題である。そういう面からしても、企業が適正利益を得ることの大切さがあるわけである。

さらにもう一つ大切なことがある。

というのは、企業がこの人間の共同生活の限りない生成発展に貢献していくためには、企業自体が絶えず生成発展していかなくてはならない。つまり、常に新たな研究開発なり設備投資なりをして、増大していく人々の求めに応じられる体制にしていかなくてはならないわけである。

ところが、そうした開発なり投資なりにはそれだけの資金がいる。その資金をどのようにしてつくるかということだが、これが政府がやっている事業ならば、必要なだけ税金を取ることもできよう。しかし民間の企業はそういうことはできないから、やはり、それをみずからつくるしかない。そのためには利益を得て、それを蓄積していくということになる。

その利益も、半分以上は税金として納め、残りの二〇〜三〇パーセントは株主に対する配当として支払うのだから、社内に蓄積できるのは全体の二〇パーセント前後にすぎない。つまり、製造業の場合であれば、十億円の利益があっても、蓄積にまわるのは二億円前後ということである。十億円の利益を生むには、かりに売上げ利益率を一〇パーセントとしても、百億円の売上げが必要である。いいかえれば百億円の売上げがあっても、企業がその本来の使命遂行のため、開発なり新規設備なりへの投資に使えるのは、わずか二億円にすぎないのである。それだけのものは最低限必要であり、その程度の利益すらも確保できないということでは、企業としての生成発展もむずかしくなってしまう。

そういうことで私は、売上げ利益率一〇パーセントというものを適正利益と考えて、経営を行なってきた。もちろん、適正利潤の基準というものは、業種により、また企業自体の発展段階によっても異なってくるだろう。しかし、いずれにしても、国家、社会への税金、株主への配当、企業の使命達成のための蓄積という三つの観点からして適正な利益率というものが考えられようし、その適正利益を確保することは、企業にとって大きな社会的責任だということを明確に自覚しなくてはならない。

それとともに、このような利益の意義というものを、政府なり一般の人々にもよく認識してもらうことが大切である。

企業の利益については、これを国民の福祉に反する好ましくないもののように考える傾向が一部に見られ、それが政府や自治体の中にもあって、その政策を誤らしめる原因にもなっている。そうした誤った政策の結果、利益の減少、ひいては税収の減少となり、政府も困り、自治体も困り、国民の福祉も阻害されることになるのである。

だから、過度な利益というか、いわゆる暴利はいけないが、適正な利益は、企業自体だけでなく、社会全体、国民全体の福祉の向上のためにも必要不可欠のものであるという認識を、企業経営者はもちろん、政府も国民もはっきりともつことが大切なのである。

七　共存共栄に徹すること

企業は社会の公器である。したがって、企業は社会とともに発展していくのでなければならない。企業自体として、絶えずその業容を拡大させていくことが大切なのはいうまでもないが、それは、ひとりその企業だけが栄えるというのでなく、その活動によって、社会もまた栄えていくということでなくてはならない。また実際に、自分の会社だけが栄えるということは、一時的にはあり得ても、そういうものは長続きしない。やはり、ともどもに栄えるというか、いわゆる共存共栄ということでなくては、真の発展、繁栄はあり得ない。それが自然の理法であり、社会の理法である。自然も、人間社会も、共存共栄が本来の姿なのである。

企業が事業活動をしていくについては、いろいろな関係先がある。仕入先、得意先、需要者、あるいは資金を提供してくれる株主とか銀行、さらには地域社会など、多くの相手とさまざまなかたちで関係を保ちつつ、企業の経営が行われているわけである。そうした関係先の犠牲においてみずからの発展をはかるようなことは許されないことであり、それは結局、自分をも損なうことになる。やはり、すべての関係先との共存共栄を考えていくことが大切で、それが企業自体を長きにわたって発展させる唯一の道であるといってもいい。

たとえば、需要者の要請にこたえてコストダウンをしていくために、仕入先に対して値段の引下げを要請する。これは、どこでもよくあることである。しかし、その場合に、ただ値引きを要求するだけではいけない。値段を下げても、なおかつ先方の経営が成り立つ、いいかえれば、先方の適正利潤が確保されるような配慮が必要なのである。

私自身は常にそのように考えてやってきた。仕入先に値下げを要請するときでも、それによって先方が損をしたのでは困るということは念を押す。それでもし先方ができないという場合には、その工場を見せてもらうなどして一緒に工程などの改善をはかり、値下げしてもなお十分な適正利益を確保してもらえる道を考えるようにした。だから、値下げを要請しても、結果的にはかえって喜んでもらえるというような状態であった。

そのように、仕入先に対しては先方の適正利益というものを十分考えることが大切だが、一方、商品の販売を担当する得意先に対しては、こちらも大いに勉強するとともに、やはり必要な適正利益を取ってもらうようにする。同時に、需要者にも、適正な価格で買ってもらえるように、商品政策、販売政策を考えていく。そのようにして、ともどもに適正利益を得つつ共存共栄していくことが大切である。

その際に一つ大事なことは、得意先に対する集金を確実にすることである。得意先から集金を待ってくれといわれて、それをそのまま認めることは一見先方のためになるようだが、それはかえって得意先に安易感をもたせ、お客に対する集金がルーズになり、経営の弱体化を招くことにもなりかねない。さらにいえば、業界全体、社会全体に不健全な精神をもたらすことにも結びつく。それに対して、こちらが集金を厳格にすれば、得意先も支払いをキッチリやるために集金を確実にするようになり、堅実な経営になってくる。それがまた業界なり社会の精神健全化にもなる。だから、そういうことも共存共栄を実現していくためにきわめて大切なことである。

いずれにしても、共存共栄ということは、相手の立場、相手の利益を十分考えて経営をしていくということである。まず相手の利益を考える、というといささかむずかしいかもしれないが、少なくとも、こちらの利益とともに相手の利益をも同じように考えることである。それが相手のためであると同時に、大きくは自分のためにもなって、結局、双方の利益になるわけである。

ところで、この共存共栄ということがいちばんむずかしいのが同業者どうしである。いうまでもなく、同業者のあいだでは競争がある。そして、その競争はきわめて激しいものであり、それだけに往々にして、行きすぎた過当競争に陥りかねない。

競争があること自体は好ましいことである。競争があることによって、お互いに相手に負けないように知恵を働かせ、努力もする。そういうところから、製品の品質も向上し、コストもより合理化されて適正なものになってくる。競争のないところでは、やはりどうしても品質もあまりよくならないし、コストも高くつくということは、お互いにしばしば見聞するところである。

だから、競争自体は大いにあっていいし、むしろなくてはならないが、しかし、行きすぎた過当競争は弊害をもたらす。過当競争というのは、いわば適正な利益を取らないような競争である。極端な場合には、競争に勝つために一時的に採算を度外視した価格で売ったりする。

そうした適正利潤を得られないような過当競争が続けば、業界全体が疲弊してきて、場合によっては倒れるところも出てくる。それは概して資本力の小さい中小企業などで、資本力のある大企業ほどもちこたえられるから、そこにいわゆる資本の横暴といった姿も生まれてこよう。

経営力がないために、経営に当を得なくて倒産するというのは、これはやむを得ない面もある。しかし経営適格者というか、適正利潤を得ながらの競争であれば十分やっていけるような人でも、過当競争においては資本力がなければ倒されてしまう。

そのように、過当競争は経営適格者をも倒すなどして、業界を非常に混乱させ、社会に大きな弊害をもたらす。さらにお互いに適正利益が確保できないということになれば、それだけ税金の減収をもたらし、国家、社会にマイナスとなる。まさに百害あって一利なしといってもいい。

だから、お互いに適正な競争は大いにやりつつも、過当競争はいわば罪悪として、これを排除しなくてはならない。特に資本力の大きな大企業、業界のリーダー的な企業ほど、そのことを自戒しなくてはいけない。小さな企業が少々過当競争的なことをしても、リーダー的な企業が毅然《きぜん》として正しい競争に徹したならば、業界もそう混乱しないだろう。

あたかも国際社会において、小国どうしが過当競争、たとえば戦争を始めても、大国がそれに巻きこまれることなく、公正な立場から調停役にまわれば、戦争も局地的なものにとどまり、まもなく沈静していくようなものである。それを、リーダー的な企業が率先して過当競争を始めたのでは、世界大戦のごとき大混乱を業界にもたらす結果になり、業界をいちじるしく疲弊させ、その信用を大きく失墜させることにもなってしまう。

そういうことを考えてみると、なかなかむずかしいことではあるが、お互いに、業界における共存共栄を絶えず心がけ実践していくことがきわめて大切である。企業が大きければ大きいほど、そのことに対する責任もまた大きいといえよう。

八 世間は正しいと考えること

企業活動はいろいろなかたちで、直接間接に世間、大衆を相手に行われている。その世間、大衆の考えるところ、行うところをどのように見るかということは企業経営の上できわめて大切である。

世間はいいかげんで信用できないものだと考えれば、経営はそれに即したものになっていくし、世間は正しいと考えれば、世間の求めに応じた経営をしていこうということになる。

その点、私は世間は基本的には神のごとく正しいものだと考えている。そして一貫してそういう考えに立って経営を行なってきた。

もちろん、個々の人をとってみれば、いろいろな人がいて、その考えなり判断なりがすべて正しいとはいえない。また、いわゆる時の勢いで、一時的に世論が誤った方向へ流れるということもある。しかし、そのように個々には、あるいは一時的には過つことがあっても、全体として、長い目で見れば、世間、大衆というものは神のごとく正しい判断を下すものだと私は考えている。

だから、われわれの経営のやり方に誤ったところがあれば、それは世間から非難されたり、排斥されたりすることになる。そのかわり、正しい経営をしていれば、世間はそれを受け入れてくれるわけである。

そのように考えると、そこに一つの大きな安心感が起こってくる。もし世間の判断というものがいいかげんなもので、正しいものを正しいとして認めてくれなかったらどうであろうか。いかにわれわれが正しい経営努力を重ねても、それが世間から受け入れられなかったら、まことに頼りないというか、やりがいのないことになってしまう。

実際に個々に見ればいろいろな人がいて、人間である以上、その判断が常に正しいとはいえない。そうした個々の姿だけを見て、世間というのは往々にして過つものだというように考えてしまうと、何を頼りにして経営を行なっていけばいいのか非常に不安であり、いたずらに心を労し、頭を疲れさせるといったことにもなりかねない。

けれども、世間が正しいものを正しいとして認めてくれるとなると、われわれが〝何が正しいか〟を考えつつ経営努力を重ねていくならば、それは必ず世間の受け入れるところとなるわけである。だから、われわれはその世間を信頼して、迷うことなく、なすべきことをなしていけばいいということになる。これほど心強く安心なことはない。いわば、坦々《たんたん》とした大道を行くがごときものである。

自然の理法、社会の理法は限りない生成発展ということなのである。その社会を形成している大衆の求めるところも、基本的にはそれからはずれるものではない。

だから、そういうところに立脚して〝何が正しいか〟を考えつつ、その正しいと考えるところを行なっていくならば、それは基本的には世間から受け入れられるものと考えられる。そしてまた、私の実際の体験からしても、やはり世間は正しいことは正しいとして受け入れてくれるものである。

ただ、そうはいっても、ときには誤解というか、こちらの考えていることが誤って受け取られることがある。そのような場合には、やはりその誤解はといていかなくてはならないし、またそういうことのないよう、日ごろから、企業の考えていることなり、業績、製品などについて、世間に正しい姿を知ってもらうことが大切であろう。いわゆる広報活動なり宣伝広告などはそのために行うものである。

その場合にも、いわゆる誇大広告のごとく、みずからの姿を実態以上に見せようとすることは厳に慎まなくてはならないことはいうまでもない。そういうことで、かりに一時的には世間の目をあざむけても、結局は大衆は真実の姿を見抜き、その結果かえって信用を落とすことになってしまうだろう。

リンカーンは「すべての人を一時的にだますことはできるし、一部の人をいつまでもだましておくこともできる。しかし、すべての人をいつまでもだまし続けることはできない」と言っているという。彼は政治家としてそういうことを言ったのだろうが、経営についてもまったくそのとおりである。真実をありのままに知ってもらうということが、長い目で見ていちばん大切なことなのである。

そのように世間は正しいと考え、その正しい世間に受け入れられるような仕事をしていくことを心がけていくところに、事業発展の道があるのである。

九　必ず成功すると考えること

企業がその使命を果たし、社会に貢献していくためには、常に安定的に発展していかなくてはならない。企業の業績が不安定であっては、その本来の使命も十分果たせず、また社会に対する利益の還元、株主への配当、従業員の生活などいろいろな面で社会に好ましくない影響をもたらすことになる。

だから、どんな情勢にあっても、企業は安定的に成果をあげていかなくてはならないわけであるが、一面にまた、経営というものは、正しい考え、正しいやり方をもってすれば必ず発展していくものと考えられる。それが原則なのである。

昔から「勝敗は時の運」とか「勝敗は兵家の常」というような言葉があって、戦《いくさ》では勝つこともあれば、負けることもあるのが普通の姿だと考えられていたようである。

そして経営についても同じように、うまくいったり、いかなかったりというか、利益があがるときもあれば、損をするときもあって、それが普通なのだとする見方もある。確かに企業経営には、景気不景気といったこともついてまわるし、また運というようなものも一面に考えられるから、そうしたものによって業績が左右され、利益があがったり損をしたりという姿をくり返すことは現実に見られる姿である。

しかし私は、基本的には企業経営はそのように外部の情勢に左右されて、うまくいったり、いかなかったりするものではなく、本来はいかなるときでもうまくいく、いわば百戦して百勝というように考えなければならないと思う。

もっとも私は〝運〟というようなものを否定するわけではない。むしろそういうものがお互い人間の上には、目には見えなくても働いているのではないかと考えている。

私自身の経営については、このように考えてやってきた。すなわち物事がうまくいったときは〝これは運がよかったのだ〟と考え、うまくいかなかったときは〝その原因は自分にある〟と考えるようにしてきた。つまり、成功は運のせいだが、失敗は自分のせいだということである。

物事がうまくいったときに、それを自分の力でやったのだと考えると、そこにおごりや油断が生じて、つぎに失敗を招きやすい。実際、成功といっても、それは結果での話であって、その過程には小さな失敗というものがいろいろある。それらは一歩過てば大きな失敗に結びつきかねないものであるが、おごりや油断があると、そういうものが見えなくなってしまう。けれども、〝これは運がよかったから成功したのだ〟と考えれば、そうした小さな失敗についても、一つひとつ反省することになってくる。

反対に、うまくいかなかったときに、それを運のせいにして〝運が悪かった〟ということになれば、その失敗の経験が生きてこない。自分のやり方に過ちがあったと考えると、そこにいろいろと反省もできて、同じ過ちはくり返さなくなり、文字どおり「失敗は成功の母」ということになってくる。

そして、そのように〝失敗の原因はわれにあり〟という考えに徹するならば、そうした原因を事前になくしていこうという配慮ができるようにもなる。だから、それだけ失敗も少なくなって、どういう状況下にあっても経営が順調にいくという姿になってくるわけである。

たとえば、不景気になると、産業界全体として企業の業績も低下し、利益があがらなくなってくるのが現実の姿である。しかし、それではどこも同じように業績が悪化するかというと、必ずしもそうではない。

そういう中にあっても、着実に業績を伸ばしている企業がある。業界自体が低調で、ほとんどの同業者が赤字でも、なお十分な利益をあげているというような会社があることは、お互いが現実の体験の中で見聞するところである。

不況だから利益があがらなくても仕方がない、というのも一つの見方である。しかし、現実に不景気の中でも利益をあげ、業績を伸ばしている企業があるということは、やはりやり方次第だということではないだろうか。

つまり、業績の良否の原因を、不況という外に求めるか、みずからの経営のやり方という内に求めるかである。

経営のやり方というものは、いわば無限にある。そのやり方に当を得れば必ず成功する。だから、不景気であろうと何であろうと、必ず道はあるという考えに立って、それを求めていけば、やはりそれなりの成果はあがるものである。

好況のときと違って、不景気のときは経営にしろ、製品にしろ、需要者、また社会から厳しく吟味される。ほんとうにいいものだけが買われるというようになる。だから、それにふさわしい立派な経営をやっている企業にとっては、不景気はむしろ発展のチャンスだともいえる。〝好景気よし、不景気さらによし〟である。

そういう姿にしていくためにも、やはり日ごろから、〝失敗の原因はわれにあり〟という考えに徹して、みずからの経営を厳しく吟味しつつ、なすべきをなしていくことが大切である。そういうことをしている企業は、戦争とか大きな天変地異でもないかぎり、どんな状況にあっても隆々と発展して、その使命、社会的責任を果たしていくであろう。

十　自主経営を心がけること

経営のやり方というものは無限にあるが、その一つの心がまえとして自力経営、自主経営ということがきわめて大切である。つまり、資金であるとか、技術開発その他経営の各面にわたって、自力を中心としてやっていくということである。

戦後、日本の経済界なり個々の企業は非常な発展を遂げて、今日では欧米諸国に追いつき、多くの面で追い抜いているというような姿にある。しかし、その発展の過程を見ると、かなりの程度他力に頼ってやってきたのが実情である。すなわち、資金の多くを借金によってまかない、技術についても欧米諸国の進んだものを導入して、それを活用するなどしてきた。

そのことは、戦後の日本の企業がおかれた状態、つまり戦争によってすべてを破壊され、いわば無一物から急速な国民生活の復興、再建をなし遂げなくてはならなかったことからすれば、一面必要だったことである。もし、そのような他力の活用がなければ、今日のような日本経済の発展はなく、国民生活ももっと低い水準にとどまっていたであろう。

だから、なにもいちがいに他力の活用を否定したり排斥するものではないが、しかし、基本は自力による自主経営でなくてはならない。他力の活用もときに必要であり、そのほうが効率的な場合もあるが、やはり人間はそういう状態が続くと、知らず識らずのうちに安易感が生じ、なすべきことを十分に果たさなくなってくるものである。

また、企業の体質としても、他力に頼るところが多ければ、それだけ外部の情勢の変化に影響されやすくなってくる。たとえば、他からの資金、すなわち借金が多ければ、金利の引上げでもあると、それがたちまち業績を悪化させることになる。そうなっては、〝好景気よし、不景気さらによし〟といったように、いついかなるときでも堅実に発展していく企業にはなり得ない。

だから、資金については、原則として蓄積による自己資金を中心にしていくことが大切である。日本の企業は欧米に比べて蓄積が少なく、自己資本比率が概して低いといわれる。それは戦後のわが国の特殊事情に原因する面もあるが、そういう中にあっても、それなりに内部蓄積を重ね、欧米に劣らぬ自己資本比率を示している企業も現にあるわけである。そして、そういう企業ほど、不況の中でも業績を伸ばしてきている。

自己資本比率を高めていくについては、税制や手形の規制など国の施策に俟《ま》たねばならない点もあろうが、やはりまず個々の企業においてそのことが十分に心がけられなくてはならない。そして、そのためにも、適正利潤の確保ということの大切さがしっかりと認識されなくてはならないわけである。

技術にしても同じことである。過去においては、海外の進んだ技術を導入してやっていくということでもよかった。今後とても、一面にそういうことは必要であろうが、それ以上にみずから開発し、場合によってはその技術を他国に供与するという考えに立たなくてはいけない。

私は、技術に関する特許やノウハウは、それを開発したところが独占すべきものでなく、すべて適正な価格で公開することが望ましいと考えている。そのことによって、国家的に見て、同じ研究開発が二重、三重に行われるようなムダが少なくなるし、社会全体としての技術の進歩、発達もより進むからである。

けれども、かりにそのようにいわば技術が自由化されたとしても、個々の企業としては、やはりみずから独自のものを開発していくという姿勢はもたなくてはならないし、むしろそのことにいかに成功するかが、企業発展の大きなカギとなってくるわけである。

自主経営ということは、そのように経営のあらゆる面にわたって自力を中心としてやっていくということである。そういう考え、姿勢を基本にもちつつ、その上で必要な他力を大いに活用するならば、それは非常に生きてくるだろう。また、そのように自力を中心にやっていく姿には、それだけ外部の信用も生まれ、求めずして他力が集まってくるということもある。これはいわば理外の理ともいうべきものかもしれないが、そういうものが世間の一つの姿なのである。

十一　ダム経営を実行すること

企業経営というものはいついかなるときでも堅実に発展していくのが原則であり、それはやり方次第で可能なことである。そして、そのような企業にしていくために大切な考え方として、〝ダム経営〟というものがある。

ダムというのは、あらためていうまでもなく、河川の水をせきとめ、たくわえることによって、季節や天候に左右されることなく、常に必要な一定量の水を使えるようにするものである。

そのダムのようなものを、経営のあらゆる面にもつことによって、外部の諸情勢の変化があっても大きな影響を受けることなく、常に安定的な発展を遂げていけるようにするというのが、この〝ダム経営〟の考え方である。設備のダム、資金のダム、人材のダム、在庫のダム、技術のダム、企画や製品開発のダムなど、いろいろな面にダム、いいかえれば余裕、ゆとりをもった経営をしていくということである。

設備であれば、一〇〇パーセント操業しなければ赤字というのではなく、八〇パーセントなり九〇パーセントなりの操業率でも採算がとれるようにしておく。そして、常時はその範囲で稼働させておく。そうすれば需要が急に増えても、設備にゆとりがあるから、それに十分対応して生産を増強することができる。

資金であれば、十億円必要な事業をする場合に、十億円だけを用意したのでは、何か事が起こって十億円ではすまなくなったとき、それに対処できない。だから、十億円必要なときには十一億円なり十二億円なりの資金を準備しておく。つまり資金のダムである。

そのほか、常に適正な在庫をもって、需要の急増に備えるとか、製品開発にしても、いつもつぎの新製品を準備しておくとかいったことがいろいろ考えられよう。

いずれにしても、そのような経営のダムを随所にもつことによって、外部の状況が少々変化しても、あたかも増水時にたくわえた水を乾期に放流することによって水不足を防げるように、その変化に迅速かつ適切に対応できる。したがって、常に安定した経営を続けることができるわけである。

ただ、ここで気をつけなくてはいけないのは、設備のダムとか在庫のダムというものは、いわゆる過剰設備、過剰在庫とは違うということである。

〝これだけ売れるだろう〟と考えて設備投資をし、製品をつくったら、それがあまり売れずに在庫ができ、設備も遊んでいるというようなのは、ダムでも何でもない。それは単に見通しを誤ったということであり、そういう余剰は決して好ましいものではない。私のいう経営のダムは、あくまで〝これだけは必要だろう〟という的確な見通しにもとづいた上で、その一〇パーセントなり二〇パーセントなりのゆとりをあらかじめもつようにするということである。

つまり、単なる過剰設備、過剰在庫などはいわば経営のムダであるけれども、〝ダム〟という考えにもとづいたものは、一見ムダのように見えても、経営の安定的発展を保障する保険料のようなもので、決してムダにはならないのである。

だから大切なことは、いろいろなかたちに現われた経営のダムもさることながら、それ以前の〝心のダム〟というか、〝そのようなダムを経営の内にもつことが必要なのだ〟と考える〝ダム意識〟ともいうべきものである。

そういうダム意識をもって経営をしていけば、具体的なダムというものは、その企業企業の実態に応じていろいろ考えられ、生み出されてくるであろう。そして、そこからいかなるときにも安定的に発展していくダム経営の企業ができてくるのである。

十二　適正経営を行うこと

経営は人間が行うものである。そして、人間の能力というか、経営力というものは、人それぞれに異なるであろうが、いずれにしても人間は神のように全知全能というわけではないから、その力にはおのずと限度がある。

したがって、事業を行なっていくについても、そうした限度を考えつつ経営を行い、事業を発展させていくことが必要になってくる。自分の力、さらには会社の力を超えた大きな仕事をしようとしても、多くの場合失敗に終わってしまうだろう。それでは企業本来の使命も果たせず、社会のマイナスにもなる。だから、そのような、その時々における自分の力の範囲で経営を行い、社会に貢献していく。いいかえれば、適正経営という考え方がきわめて大切である。

業容を拡大し、会社の規模を発展させていく場合には、やはり技術力、資金力、販売力などを含めた会社の総合実力というものを的確に把握し、その力の範囲でやっていく。そしてその場合、経営者にとって特に大事なのは、自分を含めた会社の経営陣の経営力に対する認識であろう。

私は長年の事業体験の中で、数多くの取引先を見てきた。その中には、最初は経営が非常にうまくいっていたのに、業容を拡大していくにつれて成果があがらないというところが出てくる。そういう場合に、思い切ってその商売を二つなら二つに分け、もとの経営者はその一つを見て、もう一方は然《しか》るべき幹部を選んで全面的に経営を任せるようにすると、その二つともが順調に発展していくようになることが多い。

結局それは、その経営者の経営力の問題である。五十人の人を使うくらいまでは十分やっていけるが、だんだん発展して百人を使うようになると、それだけの能力はないということで、かえって業績があがらなくなってくる。それで会社を二つに分け、その一つを見るということにすれば、自分の力の範囲で十分やっていけるから、再びうまくいくようになってくるわけである。

もちろん、会社を二つに分けるというようなことはできにくい場合も実際にはあるだろう。そういうときには、一つの会社のままで、部門を分けて、それぞれの部門の運営についてはその責任者に大幅に権限を与えて、あたかも独立会社のごとき実態においてやっていくようにするのも一つの方法である。

私の会社の事業部制というものは、そういうところから生まれた制度である。新しい事業分野が次々にできたときに、私自身が何もかも見るということができなくなったから、それぞれの分野について然るべき人を選んで、製造から販売までいっさいの経営を任せたわけである。そのようにすることによって、会社全体としての総合経営力は高まってくるから、そういうかたちにおいて、人を増やし、業容を大きくしてくることができた。

そのように、かたちはいろいろあっても、経営力に応じた範囲で独立会社的に運営しつつ、一歩一歩業容を拡大していくことが望ましいと思うが、その場合、こういうことも考えてみる必要がある。

それは、それぞれの部門の規模ということである。もちろん、それぞれの人によって経営力は異なるし、また人間の力というのはだんだんに成長していくという面もあるから、あまり固定的に考えずに、実情に応じた姿にしていくのがいちばんいいと思う。ただ、概していえば、一万人の人を使えるというほどの人はきわめて少ないだろう。それに対して、千人の人を使えるという人はある程度求めやすい。

したがって、非常に大きな会社の場合でも、一万人を一つの単位とするよりも、千人というところに目安をおいて組織を考えていくことのほうが、より妥当性があるというか、より過ちの少ない堅実な行き方だといえる。なにも一律に千人にするということではもちろんないが、そういうところに一つの基準をおいていくならば、適切な人も求めやすく、全体としてより安定的に業容を発展させていけるわけである。

いずれにしても、そのように自分なり会社幹部なりの経営力を適切に把握し、さらには資金力、技術力、販売力などといった会社の総合実力を測りつつ、その範囲で経営を発展させていくことである。いいかえれば、無理をしないということである。そういう無理のない行き方を私自身はずっとしてきたし、それがどんな場合でも大切な考え方だと思う。

そのように無理をせず、自分の力の範囲で経営を伸ばしていくというのは、いわば〝カメの歩み〟のごときものだといえよう。一歩一歩進んでいくその歩みは、一見遅いように思われるかもしれない。しかし、それはきわめて着実な歩みであり、とどまることも、後退することもない。遅いようでも、いつか気がついてみたら、ウサギに勝っていたというようなもので、結局成功、発展のいちばんの近道であるといえよう。

十三　専業に徹すること

企業経営において、多角化、総合化という行き方と、専業化という行き方があるが、私は原則として、多角化よりも専業化をはかっていくべきではないかと考えている。もちろん、それはあくまで〝原則として〟ということであって、多角化、総合化をいちがいにいけないというものではない。しかし、一般的に見て、どちらかといえば、専業化していくほうがより成果があがる場合が多い。つまり、それぞれの企業がそのもてる経営力、技術力、資金力というものの範囲で経営を行なっていくという場合に、そうした力をいちばん効果的に生かすにはどうしたらいいかというと、その力を分散させるよりも集中的に使ったほうが、より大きな成果を生むことができるわけである。

企業経営は常に厳しい競争場裡《じょうり》にさらされている。そういう中で、もてる力をいくつかの仕事に分散して、そのそれぞれの分野において他よりすぐれた仕事をしていくのは、よほど抜きんでた力をもっていればともかく、きわめてむずかしい。しかし、それほど大きな力をもたなくても、すべてを一つの仕事に集中してやっていくならば、そこから他に負けない成果を生み出すこともできやすくなってくる。実際、世間には、比較的小さな企業でありながら、一業に徹し、その専門の分野においては巨大な総合企業以上の成果をあげているところが少なくない。一品をもって世界に雄飛しているところもある。

多角化して、いくつかの部門をもち、どこかが業績があがらなくても、他の部門の成果でそれをカバーして、会社全体としての安定をはかっていくというのも、それなりに一つの行き方であろうし、現にそういう姿の企業も多く見られるところである。だから、そうした行き方をいちがいに否定するものではないが、ただ、それによって〝一つぐらいうまくいかない部門があっても、他でカバーすればいい〟というような安易な考え方に陥ったりすれば、これはきわめて好ましくないし、またそのような多角化によって、個々の部門が専業でやる場合ほどに発展し得るかどうかは疑問であろう。

やはり私は、基本的には、会社のもてる経営力、技術力、資金力といったものをすべて一つの仕事に集中して、そのかわり、その分野についてはどこにも負けないといった姿をめざしていくことがより好ましいと思う。そのためには、場合によっては現在二つの仕事をやっているとしても、その一つをあえてやめて一業に専念することも考えられる。

ただ、そうはいっても、実際の経営においては、社会の要請からしても、その二つとも続けることが望ましい場合もあろう。また一つの仕事をやっていても、そこからそれに関連して次々と新しい仕事が生まれてくるということも起こってくるだろう。だから、それは大いにやっていっていいと思う。しかし、そういう場合でも、個々の仕事については専業的に独立性の高い姿でやっていくことが大切である。つまり一つひとつを独立の会社にするなり、あるいはそれに近い姿で運営していくということである。だから、それぞれの部門はあくまで、その分野についてはどこにも負けないという姿をめざさなくてはいけない。一つがうまくいかなくても他でカバーするというのでなく、すべての分野が独立経営体として成果をあげていくということである。

そうなれば、かりにかたちは総合経営のようであっても、内容的には専門細分化されて、あたかも専業の独立会社の集合体のような実態をもっているといえよう。

しかし実際には、そのような総合経営でも、個々の分野ではほんとうの独立の専業会社ほどにはうまくいかないという姿が往々にして見られる。だから、よほど独立意識を高め、経営の主体をそれぞれの部門におくということを、考え方の上でも、実際の経営においても強くもたなくてはならないのである。

十四 人をつくること

〝事業は人なり〟といわれるが、これはまったくそのとおりである。どんな経営でも適切な人を得てはじめて発展していくものである。いかに立派な歴史、伝統をもつ企業でも、その伝統を正しく受け継いでいく人を得なければ、だんだんに衰微していってしまう。

経営の組織とか手法とかももちろん大切であるが、それを生かすのはやはり人である。どんなに完備した組織をつくり、新しい手法を導入してみても、それを生かす人を得なければ、成果もあがらず、したがって企業の使命も果たしていくことができない。企業が社会に貢献しつつ、みずからも隆々と発展していけるかどうかは、一《いつ》にかかって人にあるともいえる。

だから、事業経営においては、まず何よりも人を求め、人を育てていかなくてはならないのである。

私はまだ会社が小さいころ、従業員の人に、「お得意先に行って、『君のところは何をつくっているのか』と尋ねられたら、『松下電器は人をつくっています。電気製品もつくっていますが、その前にまず人をつくっているのです』と答えなさい」ということをよく言ったものである。

いい製品をつくることが会社の使命ではあるけれども、そのためにはそれにふさわしい人をつくらなければならない。そういう人ができてくれば、おのずといいものもできるようになってくると考えていたことが、若さの気負いもあって、そのような言葉となって現われたのであろう。しかし、そういうことを口に出して言う言わないは別として、この考え方は私の経営に一貫しているものである。

それでは、どのようにすれば人が育つかということだが、これは具体的にはいろいろあるだろう。しかしいちばん大切なことは、〝この企業は何のためにあるのか、またどのように経営していくのか〟という基本の考え方、いいかえればこれまでに述べてきたような正しい経営理念、使命観というものを、その企業としてしっかりともつことである。

そうした会社としての基本の考え、方針がはっきりしていれば、経営者なり管理監督者としても、それにもとづいた力強い指導ができるし、またそれぞれの人も、それに従って是非の判断ができるから、人も育ちやすい。ところが、そうしたものがないと、部下指導にも一貫性がなく、その時々の情勢なり自分の感情なりに押し流されるといったことにもなりかねないから、人が育ちにくい。だから経営者として人を得たいと思うならば、まずみずからがしっかりした経営理念、使命観をもつことが先決である。

さらに、従業員に対しては常にそのことを訴え、それを浸透させていくことである。経営理念というものは、単に紙に書かれた文章であっては何にもならないのであって、それが一人ひとりの血肉となってはじめて生かされてくるのである。だから、あらゆる機会にくり返しくり返し訴えなければならない。

そしてまた、それは単に理念を説くということではなく、実際の日々の仕事において、経営者としては、言うべきを言い、正すべきを正していかなくてはならない。

個人的な人情としては、人に注意したり、叱《しか》ったりするのは、あまりしたくない、できれば避けたいことである。しかし、企業は社会に貢献していくことを使命とする公器であり、そこにおける仕事もまた公事である。私《わたくし》のものではない。だから、その公《おおやけ》の立場から見て、見すごせない、許せないということに対しては、言うべきを言い、叱るべきを叱らなくてはならない。決して私の感情によってそれをするのではなく、使命観に立っての注意であり、叱責《しっせき》である。そういう厳しいものによって、叱られた人もはじめて目覚め、成長していくのである。

何も言われない、叱られないというのは社員、部下にとっても一面結構なようだし、経営者、上司にとっても楽であるが、そうした安易な姿では決して人は育たないことを銘記しなくてはならない。

それとともに大事なのは、思い切って仕事を任せ、自分の責任と権限において自主性をもった仕事ができるようにしていくことである。

人を育てるというのは、結局、経営の分かる人、どんな小さな仕事でも経営的な感覚をもってできる人を育てることである。そのためには、何でもあれこれ命令してやらせるのではいけない。それでは言われたことしかしない人ばかりになってしまう。やはり仕事は思い切って任せることである。そうすることで、その人は自分でいろいろ考え、工夫するようになり、もてる力が十分発揮されて、それだけ成長もしてくる。

私どもの事業部制はいわばそういうことを一つの制度化したものであり、それによって人が育つという大きな長所があることを私は経験から感じている。事業部という一つの経営体だけでなく、その中の個々の仕事、いいかえればすべての仕事について、そのような考えをもち、それを訴えてきたのが私の経営である。

もちろん、大幅に仕事を任せるといっても、基本の方針というものはピシッと押さえておかなくてはいけない。それなしに任せたのでは、それぞれが勝手にやるということになって、全体がバラバラになってしまう。あくまで一定の方針にもとづいて権限を与えるのである。

したがって、ここでもやはり、その会社としての基本の考え、経営理念というものがきわめて大切になってくるわけである。その経営理念に即して、各人が自主的に仕事をしていくということであり、そういうものがあってはじめて成り立つことだといえよう。

また、人を育てるということについて、特に心しなくてはならないのは、単に仕事ができ、技術がすぐれていればいいというものではないということである。

手腕や技能というものはもちろんきわめて大切だし、そういう面においてすぐれた人でなくてはならないのは当然であるが、それと同時に、人間としてというか、社会人としても立派な人であることが望ましい。

仕事はよくできるが、社会人としては欠陥があるというのでは、やはり今日の時代における産業人としては好ましくない。特に、個々の企業としても、また日本の国としても、国際的に活動することが多くなりつつあることを考えれば、そのことはきわめて重要だといえる。

もちろん、そうした人間として、社会人としてのしつけとか教育は、本来、家庭なり学校に俟《ま》つべきものではあろうが、しかし現実の問題としては、企業が果たす役割はきわめて大きく、さらにその役割はますます増大していくと考えられる。したがって、人を育てる場合には、職業人としても社会人としても立派な人間を育てることを強く心しなくてはならないと思うのである。

十五　衆知を集めること

衆知を集めた全員経営――これは私が経営者として終始一貫心がけ、実行してきたことである。全員の知恵が経営の上により多く生かされれば生かされるほど、その会社は発展するといえる。

私が、衆知を集めるということを考えたのは、一つには、自分自身があまり学問、知識というものをもっていなかったから、いきおい何をするにも皆に相談し、皆の知恵を集めてやっていくことになった面もある。いわば必要に迫られてやったことだといえなくもない。

しかし私は、いかに学問、知識があり、すぐれた手腕をもった人であっても、この〝衆知を集める〟ということはきわめて大切だと考えている。それなしには真の成功はあり得ないであろう。

というのは、いかにすぐれた人といえども、人間である以上、神のごとく全知全能というわけにはいかない。その知恵にはおのずと限りがある。その限りある自分の知恵だけで仕事をしていこうとすれば、いろいろと考えの及ばない点、かたよった点も出てきて、往々にしてそれが失敗に結びついてくる。やはり「三人寄れば文殊の知恵」という言葉もあるように、多くの人の知恵を集めてやるに如《し》くはないのである。

もっとも、衆知を集めることが大切だといっても、それは事あるごとに人を集めて会議をしたり、相談しろというのではない。そういうことも、ときには必要だろうが、しかし、一面それはいわゆる小田原評定になってしまったりして、緊急のときに間に合わないこともあるし、実際問題としてもいちいち会議をしているというのでは、その手間と時間だけでもたいへんである。特に小さな会社ならそういうこともできようが、大きな会社では事実上不可能である。

だから大切なのはかたちではなく、経営者の心がまえである。つまり、衆知を集めて経営をしていくことの大切さを知って、日ごろからつとめて皆の声を聞き、また社員が自由にものを言いやすい空気をつくっておくということである。そういうことが日常的にできていれば、事にあたって経営者が一人で判断しても、その判断の中にはすでに衆知が生きているといえよう。

また、経営者みずからが衆知を集めてものを考え、仕事をしていくということも大切だが、それとともに、できるだけ仕事を任せて社員の自主性を生かすようにしていくことも、衆知を生かす一つの行き方である。

そうすることによって、その場その場で、それぞれの人の知恵が最大限に発揮され、会社全体としては、衆知が生かされることになる。特に会社が大きくなれば、全社的な判断、決定は経営責任者が衆知によって行うとしても、個々の仕事はそのようにしていくほうが、より衆知が生きてくるといえよう。

いずれにしても、具体的なやり方はいろいろあっていいが、常に〝衆知を集めてやらなくてはいけない〟という心がけはもたなくてはならない。そういう気持ちがあれば、人の言葉に耳を傾けるなど、それにふさわしい態度も生まれて、ことさらに求めずともおのずと衆知が集まってくるということになるものである。

ただ、どんな場合でも大切なのは、衆知を集めるといっても、自分の自主性というか主体性はしっかりともっていなくてはならないということである。こちらの人の考えを聞き〝それはそうだな〟と思い、また別の人から違う意見を聞かされて〝それもそうだ〟というように、聞くたびにふらふら揺れ動いているというようなことでは、聞いただけマイナスということにもなりかねない。あくまで自分の主体性をもちつつ、他の人の言葉に素直に耳を傾けていく。いいかえれば、経営者としての主座というものをしっかり保ちつつ衆知を集めていくところに、ほんとうに衆知が生きてくるのである。

十六　対立しつつ調和すること

経営においてきわめて重要な問題の一つに労使の関係がある。この労使関係がこじれてうまくいかないということでは、企業の発展は阻害されるし、場合によっては、企業そのものをつぶしてしまうことにもなりかねない。反対に、労使のあいだが円滑にいっているところは、おおむね経営の成果もあがっている。だから、経営者にとって、労働組合にどのように対処し、いかにして良好な関係を生み出していくかということは、まことに大切な問題である。

そのためにはどういうことを考えなくてはならないかというと、基本的には経営者として、労働組合の意義というか存在価値というものを適正に認識し、その上に立って共存共栄をめざしていくことが大切である。いいかえれば〝労働組合があるのは好ましいことだ〟という考えに立つということである。

もちろん、現実の労働組合の姿は必ずしも好ましいと考えられるものばかりではない。

行きすぎた過激な姿を呈するということもときにはある。そういう労働組合に直面した場合には、〝困ったものだ〟と思ったり、〝労働組合などないほうがいい〟と考えたくなるのも一面人情として無理からぬものがある。

しかし、大きな目で見れば、やはり労働組合の存在は企業にとっても、社会全体としても非常なプラスになっているといえよう。もともと労働組合というものは、欧米において資本主義の初期に、いわゆる資本家の専制に対して、労働者の地位と福祉を守り高めるために生まれたものである。そして、そうした労働組合の活動によって、労働者の生活、ひいては国民全体の生活も向上し、それにつれて社会全体も発展してきたわけである。もし、まったく労働組合というものがなく、労働者の立場をだれも代弁しなかったら、いかに経営者が配慮しても、やはりともすれば専制的な姿に陥ってしまうだろう。したがって、労働者の生活、福祉もこれほどまでには高まらず、今日の社会の発展も生まれてこなかったとも考えられる。

だから、労働組合というものは労働者の人々にとって大切なものであると同時に、その存在、またその適正な活動、健全な発展は個々の企業にとっても、社会全体にとってもプラスになる好ましいものなのである。そのことをまず認識しなくてはならない。

そのような労働組合に対する基本の認識をもって、それでは具体的にいかにこれに接していくかについて私自身が考えてきたのは〝対立と調和〟ということである。つまり、会社と労働組合とは常に、対立しつつ調和していくことが大切だと思う。

考えてみれば、この宇宙のいっさいのものはすべて対立しつつ調和しているのではないだろうか。それぞれのものがそれぞれの個性というか特質をもって、いわば自己を主張しあっている。それが対立である。だから、月と太陽も対立しているし、山と川も対立している、男と女も対立していると考えられる。しかし、ただ対立しているだけかというと、そうではなく、対立しながらも、互いに調和しあって、この大自然なり人間社会の秩序というものをかたちづくっているわけである。

対立と調和ということはいわば一つの自然の理法であり、社会のあるべき姿である。だから労使の関係も基本的にはそれに即したものであることが望ましいと思う。企業というか、経営者はその社会的使命を果たしつつ、業容を拡大させていくことを中心に考える。それに対して労働組合は、従業員でもある組合員の地位や福祉の向上と、労働者の責任意識の高揚を主たる目的としている。そこに賃金その他の労働条件の決定をめぐっての対立が生じてくるわけである。そのことは、労使それぞれの本来の役割からして当然のことであろう。

　けれども、だからといって対立に終始していたのでは事業活動は阻害され、企業はその使命を十分に遂行していくことができない。そうなればまた、従業員の福祉も高められないということになってしまう。だから、労使は一面において対立しつつも、大きくは協調していくことが大切なのである。

　もともと企業と労働組合の利害というのは個々の面ではともかく、究極においては一致すると考えられる。企業の発展なくしては、労働組合がめざす従業員の福祉向上を永続的に実現していくことはできない。同時に、従業員の福祉向上がなければ、仕事に対する意欲もうすれ、働きの生産性もあがらず、企業の真の発展もあり得ないであろう。特に日本のように、終身雇用がならわしになっており、しかも労働組合も企業別の組織になっている場合には、そのことがはっきりいえる。かりに企業が行きづまって倒産するようなことがあれば、それは従業員の生活そのものをおびやかすことにもなってくるわけである。

　結局、会社と労働組合とは、めざすところは究極的に一致するのであり、ただ、その重点のおき方が異なるのだと見ることができる。つまり、その異なる面で対立しつつも、一致する面においては協力、調和していくことが双方にとってプラスになるわけである。だから経営者は、みずから対立と調和という考えをもつとともに、労働組合に対し、また従業員に対してもそのことを誠心誠意訴えて、対立と調和の好ましい労使関係をつくりあげていくようにしなくてはならない。

それとともに、もう一つ考えておきたい大事なことがある。それは労使の力関係ということである。これは、双方の力がほぼ同じ程度であることが望ましい。それぞれの立場からすると、自分の側の力が強ければ、主張が通って好ましいと考えるかもしれないが、決してそうではない。一時的にはそれで多くのものを得られたとしても、そういうことでは強いほうは専横的、独善的になりやすく、弱い側の反発あるいは意欲の喪失を招くことにもなって、好ましい成果が得られなくなってくる。

労使というのは、いわば車の両輪のようなものであり、一方が大きく他方が小さいということでは円滑に前に進んでいきにくいといえる。やはり両方の輪が同じ大きさでなくてはならない。だから、一方の力が強いときにはむしろ相手の成長に力をかすというくらいのことが望ましいともいえよう。そのように、力の等しい労使が互いに対立しつつ調和していくことによって、好ましい労使関係が生まれ、会社も発展し、従業員の福祉も高まっていくのである。

十七　経営は創造であること

私は〝経営〟というものはきわめて価値の高いものだと考えている。それは一つの芸術といってもいいほどのものである。

経営を芸術などというと、あるいは奇異な感じをもたれるかもしれない。ふつう一般に芸術といえば、絵画、彫刻、音楽、文学、演劇といったものを指し、いわば精神的で高尚なものと考えられている。それに対して、事業経営は物的ないわば俗事という見方がされている。しかし、芸術というものを一つの創造活動であると考えるならば、経営はまさしく創造活動そのものである。

たとえば、すぐれた画家が一つの構図を考え、何も描いていないまっ白なキャンバスの上に絵具をぬって、絵を仕上げていく。できあがったものは、単なる布と絵具ではなく、そこに描いた画家の魂が躍動している芸術作品である。それはあたかも、無から有を生じるような立派な創造である。

その点、経営はどうだろうか。一つの事業の構想を考え、計画を立てる。それにもとづいて、資金を集め、工場その他の施設をつくり、人を得、製品を開発し、それを生産し、人々の用に立てる。その過程というものは、画家が絵を描くごとく、これすべて創造の連続だといえよう。

なるほど、かたちだけ見れば単に物をつくっているだけと見えるかもしれないが、その過程には、いたるところに経営者の精神がいきいきと躍動しているのである。その意味において、経営者の仕事は、画家などの芸術家の創造活動と軌《き》を一《いっ》にしており、したがって経営はまさしく芸術の名にふさわしいものだといえる。

さらに、経営というものは、いろいろ複雑多岐にわたる内容をもっている。分野ということ一つをとってみても、さまざまである。研究したり開発をする部門、それにもとづいて製造する部門、できあがった製品を販売する部門、あるいは原材料の仕入れ部門、そのほか経理とか人事といった間接部門がある。そうした経営における一つひとつの分野がみなこれ創造的な活動である。そして、それを総合し、調整する全体の経営というものもこれまた大きな創造である。

そうしてみると、経営は芸術であるといっても、それは絵画であるとか、彫刻であるといったように一つの独立したものではなく、いわば、その中に絵画もあれば彫刻もある、音楽もあれば文学もあるといったように、さまざまな分野を網羅した総合芸術であると見ることもできる。

しかも経営というものは絶えず変化している。経営をとりまく社会情勢、経済情勢は時々刻々に移り変わっていく。その変化に即応し、それに一歩先んじて次々と手を打っていくことが必要なわけである。

だから、たとえば絵画のように、描き終えたら一枚の絵が完成するというのとは趣を異にしている。いわば経営には完成ということがないのであって、絶えず生成発展していくものであり、その過程自体が一つの芸術作品ともいえよう。そういう意味において、経営は生きた総合芸術であるともいえる。

もっとも、だからといって経営をもって他の芸術より高しとするのではない。芸術というものは人間の情操を豊かにし、人間精神を高めるきわめて尊いものであることはいうまでもない。ただ私がいいたいのは、経営もそれに匹敵する高い価値をもつものであるということである。

もちろん、ひと口に芸術といっても、その作品の価値というものは一様ではない。絵にしろ、音楽にしろ、文学にしろ、人々をして深く感動せしめるような芸術性の高い名作もあれば、いわゆる駄作もあるわけである。

芸術作品の価値を金銭で評価するのは必ずしも適切でない面もあるが、かりにそれを一つの目安としていえば、同じ一枚の絵でも何百万円、何千万円、ときに何億円もするような名作もあれば、その一方で、一万円でもだれも買おうとはしないというものもあろう。これは絵に限らず、すべての芸術についていえることである。

そして、同じことが経営についてもいえる。芸術作品といってもいいような、見る人をして感嘆せしめるすばらしい内容の経営もあれば、駄作といってもいいような成果のあがらない経営もある。だから、経営は生きた総合芸術だとはいっても、すべての経営がその名に値するわけではない。

工場の施設なり、できあがってくる製品、その販売の仕方、さらには人の育て方、生かし方、財務内容など一つひとつがきわめて立派であり、それらを総合した経営自体に、その企業の精神というか経営理念がいきいきと躍動している、そのような経営であってはじめて芸術といえるのである。

一枚の絵でも、その出来不出来によって価値に大きな違いがある。経営もそれと同じことであるが、ただ絵の場合は、それが駄作であっても、人々に感動を与えないというだけで、迷惑を及ぼすということはない。

しかし、経営の駄作はそうではない。関係する各方面に多大な迷惑をかけるのである。いちばん甚だしい例としては、倒産、破産ということを考えれば、経営の駄作、失敗作がいかに社会にとって好ましくないかが分かるであろう。その反対に、芸術の名にふさわしいような真に立派な経営は社会に益するところがきわめて大きいのである。

だから、経営の芸術家たる経営者は、一般の芸術家の人々以上に、芸術的な名作を生み出す義務があるといえよう。

私は芸術のことはよく知らないが、伝え聞くところによれば、芸術家が一人前になるための修業というものはきわめて厳しいようであり、また一つの作品の制作に取り組むときは、文字どおり骨身をけずる思いで全身全霊を打ちこむということである。そのようにしてはじめて人々を感動させ、後世に残る芸術作品が生まれるわけである。

そういうことを考えると、生きた総合芸術である経営の名作をつくるためには、それに劣らぬ、あるいはそれ以上の厳しい精進、努力が求められてくると考えなくてはならない。そういうものなしに成果をあげようとすることは、普通の努力だけで何百万円もする名画を描こうと考えるのと同じで、うまくいくわけがないことははっきりしている。

経営は生きた総合芸術である。そういう経営の高い価値をしっかり認識し、その価値ある仕事に携わっていることに誇りをもち、それに値するよう最大の努力をしていくことが経営者に求められているのである。

十八 時代の変化に適応すること

　正しい経営理念というものは、基本的にはいつの時代にも通ずるものである。経営というのは、結局、人間が人間自身の幸せをめざして行うものなのだから、人間の本質がいつの時代においても変わらないものである以上、正しい経営理念も基本的に不変であると考えられる。だからこそ、それだけ正しい経営理念をもつことが大切なのである。

　しかし、その経営理念を現実の経営の上に表わすその時々の方針なり方策というものは、これは決して一定不変のものではない。というよりも、その時代時代によって変わっていくのでなければならない。いいかえれば〝日に新た〟でなくてはならない。この社会はあらゆる面で絶えず変化し、移り変わっていく。だから、その中で発展していくには、企業も社会の変化に適応し、むしろ一歩先んじていかなくてはならない。

　それには、きのうよりきょう、きょうよりあすと、常によりよきものを生み出していくことである。きのうは是とされたことが、きょうそのままで通用するかどうかは分からない。情勢の変化によって、それはもう好ましくないということが往々にしてあるわけである。

よく、長い歴史と伝統をもった〝老舗《しにせ》〟といわれるところが、経営の行きづまりに陥ることがある。そういうところは、正しい経営理念をもたないかというと決してそうではない。むしろ、どこにも負けないような創業以来の立派な経営理念が明確に存在しているのである。しかし、せっかくそうしたものをもちながら、それを実際に適用していく方針なりやり方に、今日の時代にそぐわないものがあるわけである。かつて成功した昔ながらのやり方を十年一日のごとく守っているというような場合も少なくない。もちろん、旧来のやり方でも好ましいものはそのまま続ければいいわけだが、やはり時代とともに改めるべきは次々に改めていかなくてはならない。

たとえば、宗教というものを考えてみても、そういうことが分かる。非常に偉大な宗祖とか祖師といわれる人々が説いた教えは、本質においてはいつの時代にも通用するきわめて立派なものが多い。けれども、その表現については、ずっと昔に説かれたままに今日話をしても、それではなかなか多くの人に受け入れられにくいものである。だからその立派な教えを、今の時代に合わせて説くことによってはじめて人々に広く受け入れられるのである。現実に、そのようにして祖師の教えを現代的な表現に直して説いている教団は、今日にあっても多くの共感を得、信仰を集めている。

それと同じことで、いかに立派な経営理念があっても、実際の経営をただ十年一日のごとく、過去のままにやっていたのでは成果はあがらない。製品一つとっても、今日では次々と新しいものが求められる時代である。だから正しい経営理念をもつと同時に、それにもとづく具体的な方針、方策がその時々にふさわしい日に新たなものでなくてはならない。この〝日に新た〟ということがあってこそ、正しい経営理念もほんとうに永遠の生命をもって生きてくるのである。

十九 政治に関心をもつこと

現代において企業経営を真に適正に進めていく上で、経営者が忘れてならないのは、政治に対して強い関心をもち、必要な要望を寄せていくことである。

政治などというと、それは政治家のやることで、われわれ経営者はいかに自分の事業を発展させていくかということだけを考えていればいいのだという見方もあるかもしれない。しかし、はたしてそうであろうか。

確かに、日本には封建制のなごりとでもいうのか、〝政治はお上《かみ》のやるもの〟というような考えが強い。戦前においては特にそういう傾向があったし、私がずっと仕事をしてきた大阪においては、〝政治は政治、経済は経済。われわれは独立独歩、自分の力で商売をやっていくのだ〟というような風潮だったのも事実である。そしてまた、戦前は比較的政治と経済のかかわりもうすく、そうした姿でやってこられたわけである。

しかし、今日ではその点はすっかり変わってきて、経済の動きが政治のあり方いかんで大きく左右されるようになった。たとえば、景気不景気ということも、昔は純然たる経済問題といってもよかったが、現在では政府の経済政策、財政政策によって、かなりの程度まで景気を調整できるようになっている。

あるいは、経済活動が盛んになるにつれ、道路、空港その他いろいろな社会基盤の拡充が必要になってくるが、これはいうまでもなく政治の仕事である。

また、〝事業は人なり〟という、その〝人〟を育てる学校教育というものにも、政治は大きなかかわりをもっている。そのほか今日では企業活動に伴って、さまざまな許可、認可といったことも必要になっており、そういうことも含めた政治コストとでもいうべきものが、企業の生産コストに影響してくるという面もある。

そういうことをいろいろ総合して考えてみると、つぎのようなことがいえる。すなわち、企業がその使命を遂行し、社会に貢献していくことは、その半分までは企業自体の経営努力で行うことができるが、あとの半分は政治のあり方を中心とした社会情勢というものに左右されるということである。

いいかえれば、企業としては正しい経営理念をもち、企業の内部において、なすべき経営努力を誠実に、懸命にやっていかなくてはならないことは当然であるが、それだけでは十分な成果をあげられるかどうか分からない。そういう企業内部の努力に加えるに、政治における適切な経済政策なり、その他のいろいろな施策というものがあってはじめて、その企業努力が生かされ、実を結んでくるということである。反対に、政治のあり方に当を得なければ、そうした経営努力も無に帰してしまいかねないわけである。

したがって、経営者、経済人としては、その本来の使命を遂行していくために、自分の仕事に懸命な努力をしていくことはもちろん必要だが、それだけでは十分責任を果たし得ているとはいえない面がある。そのこととあわせて、そうした正しい企業努力、経営努力を生かしてくれる適切な政策を生むために政治に関心をもち、正しい要望を寄せていくことがきわめて大切になってくる。そういうことが、今日の民主主義の時代にあっては、経営者として望まれているわけである。

もっとも、経済人が政治に対して要望を寄せるというと、ともすれば、自分の企業なり業界なりに特別の便宜をはかってもらうためというように受け取られがちであるが、私がここでいうのは決してそういうことではない。

そのようなことは往々にして政治を誤らしめるものであり、政治を私《わたくし》することにもなるから、決して好ましいとはいえない。そうではなく、経済人としての観点から、何が国家、国民のために好ましいかを考え、それを要望するということである。

そういう要望が適切に寄せられ、それが政治の上に実現されていくことによって、好ましい政治が生まれ、企業内部での努力も生かされる。そこから、その社会的責任もよりよく遂行されていくことになるだろう。

だから、今日における経営者は自分の事業に懸命に取り組むと同時に、一方で政治に強い関心をもち、適切な要望を寄せていかなくては、その責務を十分果たしていけないということを銘記しなくてはならない。

二十　素直な心になること

経営者が経営を進めていく上での心がまえとして大切なことはいろいろあるが、いちばん根本になるものとして、私自身が考え、努めているのは素直な心ということである。経営者にこの素直な心があってはじめて、これまでに述べてきたことが生きてくるのであり、素直な心を欠いた経営は決して長きにわたって発展していくことはできない。

素直な心とは、いいかえれば、とらわれない心である。自分の利害とか感情、知識や先入観などにとらわれずに、物事をありのままに見ようとする心である。人間は心にとらわれがあると、物事をありのままに見ることができない。たとえていえば、色がついたり、ゆがんだレンズを通して、何かを見るようなものである。かりに、赤い色のレンズで見れば、白い紙でも目には赤く映る。ゆがんだレンズを通せば、まっすぐな棒でも曲がって見えるだろう。そういうことでは、物事の実相、真実の姿を正しくとらえることができない。だから、とらわれた心で物事にあたったのでは判断を問違えて、行動を過つことになりやすい。

それに対して、素直な心は、そうした色やゆがみのないレンズで見るようなもので、白いものは白く、まっすぐなものはまっすぐに、あるがままに見ることのできる心である。だから真実の姿、物事の実相を知ることができる。そういう心でものを見、事を行なっていけば、どういう場合でも、比較的過ちの少ない姿でやっていくことができる。

経営というのは、天地自然の理に従い、世間、大衆の声を聞き、社内の衆知を集めて、なすべきことを行なっていけば、必ず成功するものである。その意味では必ずしもむずかしいことではない。しかし、そういうことができるためには、経営者に素直な心がなくてはならない。

天地自然の理に従うとは、「雨が降れば傘をさす」ようなものだと述べた。雨が降れば、ごく自然に傘をさす、それが素直な心なのである。それを意地を張って傘をささないということは、心が何かにとらわれているからである。それでは雨にぬれてしまう。経営はうまくいかない。

世間、大衆の声に、また社員の言葉に謙虚に耳を傾ける。それができるのが素直な心である。それを自分が正しいのだ、自分のほうが偉いのだということにとらわれると、人の言葉が耳に入らない。衆知が集まらない。いきおい自分一人の小さな知恵だけで経営を行うようになってしまう。これまた失敗に結びつきやすい。

素直な心になれば、物事の実相が見える。それにもとづいて、何をなすべきか、何をなさざるべきかということも分かってくる。なすべきを行い、なすべからざるを行わない真の勇気もそこから湧《わ》いてくる。

さらには、寛容の心、慈悲の心というものも生まれて、だから人も物もいっさいを生かすような経営ができてくる。また、どんな情勢の変化に対しても、柔軟に、融通無碍《ゆうずうむげ》に順応同化し、日に新たな経営も生み出しやすい。

ひと言でいえば、素直な心はその人を強く、正しく、聡明《そうめい》にするのである。強さ、正しさ、聡明さの極致はいわば神であるともいえよう。だから、人間は神ではないけれども、素直な心が高まってくれば、それだけ神に近づくことができるとも考えられる。したがって、何をやっても成功するということになる。経営においても然りである。

しかし、そうはいうものの、素直な心になることは決して容易ではない。人間には好き嫌いといった感情もあれば、いろいろな欲もある。それは人間に本来備わっているものので、それをまったくなくすことはできない。それをなくしてしまえば、人間が人間でなくなってしまう。

したがって、そうした自己の感情や利害というものに、ともすればとらわれがちになるのも人間の一つの姿である。あるいは、最近のように学問、知識が進み、またいろいろな主義や思想が生まれてくると、そういうものにとらわれるということも起こってくる。だから、何物にもとらわれないということは、言うは易《やす》くして、行うのはきわめてむずかしい。しかし、むずかしいからこそ、それだけ素直な心が大切なのであり、その涵養《かんよう》、向上に努めなくてはならないのである。

それではどうすれば、素直な心を養い高めていくことができるのか。これにはいろいろあろう。たとえば、戦国時代の武将には禅にいそしむ人が多かったと聞く。禅の修行というのは、自分の心のとらわれをなくそうとするものでもあり、それは素直な心に通ずるものがある。戦《いくさ》という一つの経営、それも文字どおり命をかけた最も真剣な経営にあたって、古《いにしえ》の武将たちはできるかぎりとらわれのない心で臨もうとし、そのために禅を通じてそういう心を養ったとも考えられる。

私自身はこういうことを考えている。聞くところによると、碁というものは特別に先生について指導を受けたりしなくとも、およそ一万回打てば初段ぐらいの強さになれるのだという。だから素直な心になりたいということを強く心に願って、毎日をそういう気持ちで過ごせば、一万日すなわち約三十年で素直な心の初段にはなれるのではないかと考えるのである。初段ともなれば、一応事にあたってある程度素直な心が働き、大きな過ちをおかすことは避けられるようになるだろう。そう考えて、私自身は日々それを心がけ、また自分の言動を反省して、少しでも素直な心を養い高めていこうとしているのである。

そのように方法はみずから是と思われるものを求めたらよいわけだが、素直な心の涵養、向上ということ自体は、あらゆる経営者、さらには、すべての人が心がけていくべき、きわめて大切なものである。それなくして、経営の真の成功も、人生の真の幸せもあり得ないといってもいい。だから、素直な心に段位をつけられるものであれば、やはりお互いに初段ぐらいにはなることをめざしたい。そこまでいけば、これまでに述べてきたようなことも、おのずと体得され、生かされてくるといってよいであろう。素直な心こそ、あらゆる意味における経営を成功させる基本的な心のあり方なのである。

あとがき（旧版）

実践経営哲学ということで、経営に関する私の考え方をいろいろな角度から述べました。ここに述べたことは、もとより学問的に考えたことではなく、あくまで私自身の経営の経験から身をもって感じてきたことです。そういう意味では、理論的に見れば必ずしも適切でない面もあるかもしれませんが、実際の経営においては、基本的に間違いのない、かつ、きわめて大切なことばかりではないかと私自身は考えています。

つまり、このような考えを経営の基本において事業を進めていくことが成功に結びつくものだと思います。私自身の体験なり見聞からもそういうことがいえますし、結局、経営というものは本来そうすればうまくいくようになっているのではないかと思うのです。

ただ、ここで一つ大事なことがあります。それは、同じ経営理念であっても、それにもとづく具体的な経営のやり方は無限といってもいいほどあるということです。ですから、それぞれの経営者が自分の持ち味を生かしたやり方でやればいいのであって、決して画一的なやり方がいいというのではありません。そのようにそれぞれの人の持ち味を無視してみな同じようなやり方で経営をやっても、かえってうまくいかないものです。

私自身の経営についていえば、私どもの会社には多くの関連企業や事業部があって、その数だけ経営責任者である社長なり事業部長という人がいるわけです。同じ松下電器の関連企業や事業部なのですから、基本となる経営理念は全部一緒です。それがバラバラであっては困ります。しかしその同じ経営理念のもとで展開される実際の経営というものは、それぞれの社長や事業部長の持ち味によって全部違っていいわけです。かりに社長や事業部長が五十人いれば、五十通りの経営法があっていいということであり、また現にそうなっています。

結局、人間というのは一人ひとり顔かたちが違うごとく、一人ひとりみな異なった持ち味をもっています。ですから、他人がうまくやっているからといって、自分もそのとおりのやり方をして、それでうまくいくかというと必ずしもそうではありません。自分には自分の持ち味に合ったいちばんいいやり方があるはずです。そういうものを生み出していくことが、成功につながっていく道でありましょう。

本書についても、そのような意味合いでお読みいただきたいと思う次第です。

経営のコツここなりと
気づいた価値は百万両

まえがき(旧版)

私は、お互いの商売、経営を繁栄、発展させていく道というものは、いかなる困難、混迷の世の中においても必ず見出し得るものだと考えています。乱世といわれ、時代の転換期といわれて、いろいろむずかしい問題が次々に起こってくる今日の商売、経営についても、その対処の道は、いわば千種も万種もあるといってよいのではないかと思うのです。

しかし、そうした対応の道を適時適切に見出していくためには、やはりお互いが商売のコツ、経営のコツというものを、それぞれなりにつかんでいる必要があると思います。ただ熱心に仕事をするというだけでは必ずしもうまくいかない。やはり商売のコツ、経営のコツをしっかりつかんだ上で懸命に努力してこそ、変化の激しい厳しい状況にも縦横に対応でき、困難、混迷を新たな発展の転機としていくことができるのだと思います。商売のコツ、経営のコツをつかむということは、まさに本書の標題のとおり、百万両いやそれ以上の価値があると思うのです。

私は、これまでの経営体験の中で、そうした商売のコツ、経営のコツの大切さについて折にふれて考え感じてきましたが、そうしたことの一端をあらためてまとめてみたのが本書です。それらはいずれも、私自身の体験にもとづく私なりの行き方、考え方にすぎませんが、今日、きわめて厳しい環境の中で、それぞれのお立場で日夜真剣な努力を重ねておられる皆様に、いささかなりとも参考になるならば、まことに幸いに思います。

昭和五十五年三月

松下幸之助

第一章

商売のコツ 経営のコツ

雨が降れば傘をさす

もう二十年近くも前になりますが、私が松下電器の社長から会長になって（昭和三十六年）、まもないころのことです。ある新聞記者の方が取材に来られて、

「松下さん、あなたの会社は非常に急速な発展を遂げてこられましたが、どういうわけでそうなったのか、その秘訣をひとつ聞かせてくれませんか」

との質問です。

ひと口に発展の秘訣といわれても、さてどう答えたものやら、という気が一瞬しましたが、ふと思いついて私は、逆にこんな質問をその若い記者の方にしたのでした。

「あなたは雨が降ったらどうされますか」

その質問がよほど予想外だったのでしょう。その方はびっくりした顔つきで、しばらくとまどっておられるふうでしたが、それでもまじめに、私が予期した答えを返してくれました。

「そりゃあ傘をさします」

「そうでしょう。雨が降れば傘をさす。そこに私は発展の秘訣というか、商売のコツ、経営のコツがあると考えているのです」

という話をしたのでした。

その考えは、二十年たった今も少しも変わりません。つまり、雨が降れば傘をさす。そうすれば、ぬれないですみます。それは天地自然の理に順応した姿で、いわば万人の常識、ごく平凡なことです。商売、経営に発展の秘訣があるとすれば、それはその平凡なことをごく当たり前にやるということに尽きるのではないかという気がするのです。

それは具体的にどういうことかといいますと、百円で仕入れたものはその品物の性質なりそのときの情勢なりに応じて、適正利益を加味した百十円なり百二十円なりの価格をつけて売るということです。それが商売において「雨が降れば傘をさす」一つの姿です。また、売ったものの代金は必ずキチンと集金する。これもその一つの姿でしょう。あるいは、売れないときには無理に売ろうとせずひと休みする。そしてまた売れるようになれば懸命につくる。そういうごく当たり前のこと、平凡なことが、雨が降れば傘をさすということであり、それを着実に力強く実践していくならば、商売なり経営というものは、もともと成功するようになっている。そう私は考えているのです。

雨が降れば傘をさすというようなことはだれでも知っています。傘もささずにぬれ放題というのは、よほど奇矯な人でもなければやりません。ところが、商売や経営のこととなりますと、これがなかなか当たり前にはいかなくなります。私心にとらわれて判断を誤り、傘もささずに歩きだすようなことを、しばしばしがちです。

たとえば、激しい競争に負けてはならないということから百円で仕入れたものを九十五円で売るとか、集金をキッチリせず、相手からいわれるままに回収を延ばしておきながら、他から新たに資金を借りようとすることなどが、実際によく見受けられます。そういうことではうまくいくはずがありません。やはり利益をあげるためには仕入値以上の価格で売る。また借金をする前に、まず集金に全力を注ぐのがほんとうで、それでもなお資金がいるときにはじめて他から借りるべきでしょう。それが雨が降れば傘をさす、天地自然の理に従った姿です。

言葉に表わしてしまうときわめて簡単で、当たり前のことのように思われますが、このしごく簡単、当たり前のことを適時適切に実行するというところにこそ、商売なり経営の秘訣があるといえるのではないでしょうか。

その新聞記者の方とも、およそそのような話をして、分かったようでもあり、分からんようでもある、という笑い話になったのですが、私は実際、商売、経営に限らず、世の中のことはおおむねそういうようになっているのではないかと思うのです。

率先垂範が社員を動かす

たとえば十人の人を使って仕事をするという場合、その十人が十人とも自分の思うとおりに働いてくれるということは、めったにあるものではないと思います。その中の一人はいつも反対し、むしろじゃまになることさえある。そして二人はいてもいなくてもいいようなタイプである、といったことが、だいたいにおいていえるのではないでしょうか。

ですから経営者としては、十人の人がいれば三人は必ずしも戦力にはならない、にもかかわらずそれらの人をもかかえて仕事をしていかなければならないということを、あらかじめ覚悟しておく必要があると思います。そうでないと、実際にそういう場合に直面したときに、ついつい愚痴が出て、経営の意欲が鈍るといったことにもなりかねません。

聞くところによりますと、親鸞聖人《しんらんしょうにん》でさえ自分の息子にずいぶんと苦労されたということです。いろいろ問題は起こすし、あまつさえ、親父《おやじ》の教えは間違っている、と言いふらしたりする。ほかのだれでもない、自分の長男がそういうことをするというのは、親鸞聖人としてどれほどつらかったことでしょうか。しかし嘆きつつも結局、じっと辛抱をしておられたわけです。

ましてわれわれ凡人は、そういう人があれば気になって仕方がない。けれども、人を使うというときには、どうしても〝粒より〟ばかりというわけにはいかないと思うのです。

それは、われわれの体と同じようなものです。体は年中どこも健康というわけにはいきません。現実には胃が弱いとか、血圧が高いとか、どこか具合の悪いところをかかえている場合が多い。それが一時的なものですぐ治れば、それにこしたことはありませんが、簡単に治らないというときには、無理をしないで、病気が悪化したり再発したりしないように、気を配りながらやっていくほかありません。

仕事をやり、人を使っていく上でも、そのように絶えず何か問題を起こす人がいて、ある程度の負担というか、多少足を引っ張られることは、最初から覚悟してかかることが大事だと思います。

そういう覚悟に立った上で、あとはやはり、こうしたらいい、ということを身をもって示すことです。だれよりも早く起き、だれよりも遅くまで働く。やはり経営者自身が身をもって示すことが第一です。ああすればこうなるとか、こうすれば社員はどう動くかといった意図的なことに神経を使うよりも、まず自分が一心不乱にやることです。

一心不乱にやる。そうすると、まわりもただ見てばかりはいないものです。一心不乱というほんとうに真剣な姿を見ていると、そこには必ず教えられるもの、心を動かされるものが出てきて、まわりの人々は、いちいち言わなくても手伝うし、働くようになる。私は、小企業の経験も、中企業、大企業の経験もしてきましたが、主人公の率先垂範が第一ということは、まったく企業の大小を問わず、共通にいえることだと思います。

その表現の仕方は、それぞれの企業に応じておのずと違いはあっても、経営者は自分の責任を厳しく自覚し、一心不乱に仕事をしなければならない。なにも意をたくましくする必要はない。真実をさらけ出すことでいい。人はその姿を見て反応するのだ。そう私は思います。

作為的な人材育成は成功しない

経営者に、仕事そのものに対する自信と力がいくらあっても、人の使い方、育て方が下手であれば、結局はうまくいかないと思います。自分一人で何でもやれるわけではないのですから、どうしても立派に人が育っていくような配慮を経営者はしていかなければいけません。それが上手か下手か、適切であるかどうかで勝負はあらかた決まるといってもよいのではないでしょうか。

そういうことは、だれでも知っています。そしてまた、その必要性を感じています。けれども、具体的にどうするかとなると、実はこれほどむずかしいことはないともいえます。資本をつくるよりも、人を育てることのほうがはるかにむずかしいのではないでしょうか。

私は、自分なりの体験から人を使っていくということについては、そう作為的に考えてはいけないと思っています。やはり、自然のままがいちばんいい。腹が立つときは腹を立てる。叱るときは叱る。ごく自然の姿がいいと思います。

しかし、それだけでうまくいくかというと、そうではないと思います。そこで基本的に重要なのは、経営に対する経営者自身の使命観といったものです。そういうものがなかったら、人を育てようと思っても人は育ちません。

経営者にこの店なり会社なりをこういう目的のために経営していくのだという使命観があって、その使命観にもとづいてものを言うということが人を育てる源泉になるのではないかと思います。人間というものは、やはり、自分のやっていることの意義や価値をよく知ったときに、ほんとうにそれに打ちこむことができ、他人にも好ましい影響を与えることができるのだと思うのです。

そういうものがあれば、つぎは具体的な人の使い方になってきます。そこでは、それぞれの人がもつ特色を見出して、これを生かしていくという配慮がやはりいちばん大切でしょう。十人の人がいれば十人ともみな違うそれなりの特色をもっています。その特色を見出し、生かしていくようにするということです。

私が今日あるのは、そういうところに多少長じていたからではないかとも思います。私の場合、はたから見たら「あの男はあまり優秀ではない」と言われるような人であっても、〝なかなかいいところがあるではないか、偉い男だな〟と感心することが何度もありました。

「あの男は文句ばかり言って困るんだ」と言われていた人が、縁あって私の会社に入るとけっこうがんばる。よそでは欠点だとされていたことが、うちでは長所になる。それは、短所は気にせず、長所だけ、特色だけ見て使うということがあったからだと思います。

これはそうむずかしいことではないと思います。しかし、そのことによって、人が育つか育たないかということが決まる一面があるわけです。

また私の場合、かりに性格的には合わないということがあったとしても、それを仕事にはもちこまないよう心がけてきました。たとえ合わない人でも、あの男は仕事がよくできるからというようなことで大いに用いていく。こと仕事についてはきわめて公明正大だったと思います。そういうところにも、社員の信頼を得る一つのポイントがあったのではないかと思うのです。

しかし、いずれにしても、私は、いつの場合でもきわめて真剣でした。失敗すれば血が出るわけで、毎日毎日必死で仕事をしていましたから、ほめるのも叱るのもとにかく真剣で、自分というものをそのままさらけ出していました。自分というものを化粧せずに、社員とじかに接してきたということがいえると思います。そうすることで私という人間がどういうものであるかを、社員の人がつかみやすかったでしょうし、そういう過程を通じて、多くの人が私を助けてやろうという気にもなってくれたのではないかという気がしています。

"錦の御旗"をもつ

以前、アメリカのある大学の学長さんからつぎのような話を聞きました。その方が、過去アメリカで成功した会社で、二代目でうまくいかなくなった七十五社を例にとって調べてみたところ、その原因がすべて人材の問題だったというのです。

それはどういうことかといいますと、初代が興した会社がだんだん発展してきた陰には、その発展を支えてきた功労者が何人もいるわけです。それはそれで大いに結構なのですが、しかし時代は刻々に変わっています。ですから、過去の功労者で、相当の地位にいる人の中には、適性を欠くようになっている人が少なくない。その場合、二代目の人がそういった人たちを辞めさせることができず、そのままにしていた、それで会社が倒れてしまった、ということが、七十五社全部について例外なしにいえたというのです。

もちろんそれ以外のことが原因で倒れた会社もほかにたくさんあるかもしれませんが、その学長さんが調べた七十五の会社については、全部そういう姿が見られたのだそうです。

私はそれを聞いて、アメリカでもそうなのかとあらためて驚いたのですが、義理人情を大切にし、しかも終身雇用の傾向が強い日本では、そういうことはアメリカ以上に多いのではないかと思います。

先代のあとを継いで若い二代目が社長に就任するという場合、まわりの幹部はほとんどが年長でしかも功労者です。その中に適性を欠く人があったとしても、「辞めてください」ということはそう簡単には言えません。どうしてもそこに人情が働きます。それが普通の姿でしょう。

しかし、経営者としてそれでいいのかといいますと、決していいとはいえないと思います。そういう姿のまま推移すれば、その会社が遠からずして行きづまることになりかねないのは、アメリカの場合と同様でしょう。

ですからいかに人情としてはしのびがたくても、経営者としては早急に手を打たなければならないと思います。つまり、過去の功労に対しては十分それに報いる配慮はしつつも、経営の重要な地位にはほんとうに適性ある人をあてるようにするということです。

そのためには勇気がいります。それを実行する力がいります。それは、どうすれば生まれてくるのでしょうか。

私はそれは、その人が会社というものを自分個人のものと見るか、従業員のものと見るか、あるいは社会のものであると見るか、その解釈いかんによって生まれてくるものではないかと思います。

つまり、もし会社を自分個人のものと考えますと、〝自分のために大きな功労のある人を勝手に辞めさせるわけにはいかない〟ということになりましょう。しかし、〝この会社は決して自分一人のものではない。小さいといえども先代からの伝統があり、その伝統を通じて従業員のために役立ち、社会のために役立っている。それを自分が預かっているのだ〟というような考えに立つならば、〝自分にはみんなのためにこの会社を発展させていく務めがある。その務めを果たすためにはやはり人情にとらわれず、経営の適性ある者がその衝にあたるようにしなくてはいけないのだ。過去の功労にはまた別の方法で報いよう〟ということになってくると思います。そこに、言いにくいことでもあえて言うことができる勇気や力が湧いてくると思うのです。

それはいいかえますと、〝何が正しいか〟ということを考え、自分はその正しいことにもとづいて行動するのだという信念に立つことです。いうなれば〝錦《にしき》の御旗《みはた》〟をもつとでもいいましょうか。そういうことができたときにはじめてほんとうに強い勇気、力が湧いてくるのではないかと思うのです。

それは人事に限らず、また二代目、三代目といったことにかかわらず経営のあらゆる面にあてはまることではないでしょうか。

二代目は腹の底からの熱意で勝負

若い二代目の人が社長に就任するという場合には、先代が築いた地盤を受け継ぎ、年齢的にも経験の上でも開きが大きい幹部社員を使っていく、ということになりますから、そこにはそれなりのむずかしさが当然あると思います。しかし、遠慮ばかりしていては社長は務まりません。

そこでどうするかということですが、一つの行き方としては、まず「私はこう思っているのだがどうでしょう」と先輩に相談をもちかけていくことだと思います。うるさいなというほどに相談をもちかけていけば、その人が本気で熱心に商売を考えているかぎり、その熱心さが必ず相手に伝わります。番頭さんにしてみれば〝どうも今まで、何も知らない若ぼんやと思っていたけれど、このごろはえらい熱心やな〟というようなものです。

そのことが信頼感を生むと思います。番頭さんは自分が主人になろうと思っているわけではありません。ですから、自分が番頭として一生懸命やっているのに、二代目の人があまり商売に関心がない、熱意がないということであれば、それを非常に不安に思うものです。そこで熱心に教えてくれというふうに寄っていくならば、番頭さんは安心して、〝よし、大いに力になろう〟という気にもなると思うのです。

番頭さんだけではありません。そういう熱意にあふれた姿に対しては、社員全体が頼もしさを感じて、自然と助けてくれるようになります。それが人情というものではないかと思います。

ただ、何といいましても、熱意というものは、人から教えてもらって出てくるものではありません。それはやはり、自分の腹の底から生まれてくるものです。そういうものがなかったら、どんなに頭がよくても、口でうまいことを言っても、小手先だけになってしまって、人の信頼も協力も得られないでしょう。

ですから、そのような腹の底からの熱意をもち得るかどうか、それが二代目社長としての勝負の一つの分かれ目である、という気がします。

商売で損をすることは本来あり得ない

私は、ずいぶん長いあいだ、数多くのいわゆる下請け工場に協力をしてもらってきました。ですからたくさんの工場を知っていますが、その経営者はみなそれぞれ持ち味が違います。けれども、黒字経営をして成果をあげている工場の経営者には、何か共通したものがあったように思います。それらの経営者の方々は、みなある種の強さというものをもっておられたような気がするのです。

たとえば、こちらがお得意先のご要望に応じて、従来以上に安くてよい商品をつくろうということから、仕入れている品物の値下げをお願いした場合でも、そのような経営者は、「それでは大将、うちが損しますわ」というようなことは決して言いません。「なるほど、その値段に私もしたいと思います。努力しましょう。きっとその値にしましょう。しかし、それには三月《みつき》待ってください。その間ひたすら努力して、なんとかあなたが満足するようにいたします。できないことがあるものですか」といった言葉が返ってきます。

実は、私自身も、事業を始めてまもないころ、下請けの仕事を一部やりましたが、同じようにやってきました。

「大将、それでは損しますよって、なんとか頼みますわ」などと言ったことはありません。「そうですか。五円にせないけませんか」「五円にしてもらわんことには引きあわんのや」「そうですか。やり方によっては五円でできましょう。四円五十銭でもできるように思います。きっとそうしたいと思います」と言うと、相手は喜びます。そこで「きっとそうしますから、しばらくのあいだ待ってください」ということで、一生懸命努めたものでした。

もちろんお得意先からの値下げの要求がむちゃなものであればどうにもなりませんが、社会の要請に従った必要なコストダウンについては、〝これは何としてでもやり遂げよう〟ということで一心に取り組んだのです。

そういうことができるためには、やはり自分が、商売する以上は損をしてはいけないし、また本来損することはあり得ない、という信念をもっていることが必要だと思います。ときには損をしても仕方がないという気持ちが少しでもあると、どうしても弱くなって、挫折《ざせつ》してしまうようなことにもなってしまいます。発展する企業とそうでない企業との違いは、一つにはそのような経営者の基本の考え方の違いにあるといえるのではないでしょうか。

商売、経営では、ときに損をすることもあり得るなどと考えることは、弱き者がみずからを慰安する姿であり、ほんとうに責任をもって一歩を踏み出せば必ずそれだけの利益があがらなくてはならない、商売、経営とは本来そういうものだ、と考えることが、経営者にとっての出発点でなければならないと思うのですが、いかがでしょうか。

好況よし 不況さらによし

私は、商売に取り組む基本の心がまえの一つとして〝商人には好不況はないものと思え〟ということを自分に言いきかせつつやってきました。

というのは、好況のときは、お客がどんどん買ってくれて品物が足りないくらいですから、問題はあまり出てきません。しかし、不況になれば、今度は買う人が、どこの店のどういうものがいいかということを吟味するようになります。そうすると、それまで勉強していた店ほどよく売れるということになります。店のサービスのよさとか、店員の応対のよさとか、商品のよさがあらためて目立ってきて、お客のほうから買いに来てくれるということにもなります。したがって、むしろ不況のほうがかえって忙しいということにもなるわけです。

それは一つの真理だと思います。そのことを日ごろから十分心得ておかなければならないと思うのです。心得ていれば、景気がよくて忙しいときにこそ、勉強するようになります。

景気がよくて忙しいとなると、ついサービスを怠りがちです。たとえば配達することもせずに、「取りに来てくれ」というようなことになりやすいもので、ついついめんどうなことを避けてしまいがちです。しかしそれではいざというときの用意を怠っているということにほかなりませんし、不景気になったときに慌てることになってしまいます。

商売というものはきょう一日だけのことではありません。早くいえば一生、暖簾《のれん》によっては代々続けるのですから、やはり、常日ごろがものをいいます。好況だ不況だといってそのつどオロオロするようでは、ほんとうの商売にはなっていないということです。そのようなことから私は、〝好不況はないものと考えよ〟と自分に言いきかせつつやってきたわけです。

そういう考え方に立っていれば、どんなに不景気のときにも、進む道はあるものだと思います。むしろ不景気のときのほうが面白いとさえいえます。気を引き締めて真剣になるから、道も見つかりやすいわけです。

私は、十年も続けて順調に伸びている会社があるとしたら、そのほうが危険だと思います。十年もうまくいったら、どこかに必ずゆるみが出てくる。そうでない会社もあるでしょうが、それはよほど指導者が油断をせずに、勝ってカブトの緒を締めさせているところでしょう。しかし、そういうところはせいぜい十社に一社ぐらいで、あとの九社は、社長をはじめ、皆の心がゆるんでしまうと思います。

これは、一面無理のないことです。どんな人でも毎日おいしいものを食べていると、そのありがたみが分からなくなる。それと一緒で、うまくいっているとどうしても安易になる。人間の弱いところです。

そこへパッと不景気が来ればガタンとなる。ですから、三年に一ぺんぐらいちょっとした不景気が来る、十年に一ぺんぐらい大きな不景気が来る、ということは、かえって身のためだともいえるのではないでしょうか。

しかし、要は好不況にかかわらず、日ごろから、商売の本道をふまえ、一つひとつの仕事をキチンキチンと正しくやっていくよう努めること。そうすれば、〝好況よし、不況さらによし〟ということになると思うのです。

中小企業は人を一〇〇パーセント以上生かす

人間の能力というものは、いつも固定したものではないと思います。その人がおかれた場所場所によって、十の能力の人が二十の働きをしてみたり、二十の力のある人が一の働きしかしなかったり、ということがあり得るものです。

ですから、人の配置というか、もっていき方というものが非常に大事だと思います。もっていき方一つで、その人の能力が大きく生きたり死んだりするわけです。

そういうところから大企業というものと、中小企業というものを考えてみますと、だいたいにおいて中小企業ほど能率がいいと思います。大企業ほど能率が悪く、人々を一〇〇パーセント生かして使っているというところは少ないようです。中小企業でもいろいろありますからいちがいにはいえませんが、大別してそういうことがいえると思うのです。

大企業では、非常に立派な素質のある人をかかえておりながら、それらの人々の能力を殺して使っている面があります。それは、そうならざるを得ないような仕組みになっているからだと思います。

一般的に、組織が大きくなるほど能率があがりにくい状態になってきます。なかでもいちばん能率のあがらないのはお役所ではないでしょうか。お役所の人は働かないのではなく、働けないのでしょう。のびのびと働けないような情勢がモヤモヤとそこに渦まいていて、いわゆる事なかれ主義というような傾向になりやすいのだと思います。

大企業もそういう面をもっています。企業が大きくなればなるほど、いわゆるお役所気分というものが強くなってきます。

ところが、中小企業はそういうことをしていては、会社がやっていけません。ですから、どうしてもいやおうなしに働かなくてはならないということがあります。

また従業員が二十人とか五十人ということであれば、お互いの気心や動きがよく分かって、打てば響くすばやい動きができやすいということもあります。

そういうことから、私は中小企業ほど人がその能力を十分発揮しつつ働きやすいところはないし、また実際よく働いていると思うのです。

世間ではとかく中小企業は弱いといいます。けれども、大企業が個々の人の力を七〇パーセントぐらいしか生かすことができなくても、中小企業は一〇〇パーセント、やり方によっては一二〇パーセントも生かすことができるわけです。

そういうところに、中小企業の一つの大きな強みがあるように思います。その強みを中小企業は積極的に生かしていくということが、きわめて大切ではないでしょうか。

また一方、大企業においては、組織なり制度なりの上で、いわゆる専門細分化をはかるなどして、一人ひとりの社員がそのもてる力を十分発揮できるような環境づくりを、絶えず心がけていく必要があると思うのです。

任せて任せず

「好きこそものの上手なれ」という言葉がありますが、人に仕事を任せる場合、原則としては、こういう仕事をやりたいと思っている人にその仕事を任せる、ということがいいのではないかと思います。そういうふうにもっていったほうが、やはり結果がいい場合が多いような気がします。

といっても、その人が、その立場を利用して何か自分のためにするといったように、自分の都合中心で考えているのであれば、どんなに強く「やりたい」と言ってきても、「あそうか」と言うわけにはいきません。しかし、そうではなくて、この仕事が自分はいちばん好きだからやってみたいというのであれば、そうさせたほうがうまくいくことが多いと思うのです。

もちろん、任せてみたところ、その人の欠点が出るということもあります。その欠点については、やはり経営者が直してやらなければならないと思います。直しても直らないようであれば、その人を替えるというところまでやらなければなりません。

これはいいかえますと、〝任せて任せず〟ということになると思います。任せて任せずというのは、文字どおり〝任せた〟のであって、ほうり出したのではないということです。

経営者というものは、どんな場合でも、最後の責任は自分にあるという自覚をもっていなければならないと思いますが、そのように腹をくくっていますと、仕事を任せた場合、どういうふうにやっているかいつも気になっているというのがほんとうのところでしょう。任せてはいるけれども、絶えず頭の中で気になっている。そこでときに報告を求め、問題がある場合には、適切な助言や指示をしていく。それが経営者のあるべき姿だと思います。

もちろん、任せた以上はあまり細かな口出しはすべきではありませんし、ある程度は大目に見ていくということがその人を育てることになると思います。しかし脱線してしまうようなときには、はっきり注意をしなければなりません。その注意を怠るということは、自分がこの人ならうまくやるだろうということを前提として選んだ人を、みずから捨て去ってしまうのと一緒です。経営者としては、きわめて無責任といわなければならないと思います。

一方、任せられたほうも、そのへんのことがよく分かった人は、報告すべきことはキチンと報告してきます。しかしなかには〝任せられたのだから勝手にやるんだ〟ということで報告もせずに事を進め、脱線してしまう人もあるでしょう。そういう場合は、そもそもその人に任せたのが間違いで、人を替えなければならないということになります。

経営は、何といっても人次第ですから、そういう点については、まあまあなどといってはおられません。使うほうも、使われるほうも、常に真剣でなければなりません。特に経営者としては、そういう真剣な目で、適材を適所に使っているかという一点を、いつも厳しく見守っていくことが大切だと思います。

抜擢人事には介添えが必要

日本においては、抜擢《ばってき》人事というものはなかなかしにくいものです。やはり長年の慣行もあって、だいたいは年功序列でいく場合が多く、私自身、特にとりたてて抜擢を多くしたということはありません。

しかし、ときには、ある人を抜擢してその実力を生かさなければならない、ということもあります。そうしたときには、やはりそれなりの配慮が必要だと思います。

たとえば、ある人を抜擢して課長にするという場合には、その課にその人が世話になった先輩が多くいるにもかかわらず、その先輩たちを追いぬいて課長の役目を与えるといったことになります。そういう場合には、単にその新任の課長に辞令を渡して、今度A君が課長になったと発表するだけではやはり具合が悪いと思います。私が自分で采配《さいはい》を振っていたときには、そんな場合には、はっきりけじめをつけさせるようにしていました。それはつまり、その課のいちばん古い先輩に、課員を代表してその新任課長に宣誓をさせるわけです。

A君が課長の辞令をもらう。そうするとA君は「きょうから課長を命じられました。皆さんよろしく頼みます」とあいさつをする。そのときに、課員のいちばん先輩の人が立って、全課員を代表して課長に祝辞を言い、「われわれは課長の命《めい》に従ってがんばることを誓います」ということをやらせます。すると、その瞬間から、パッと課長の格式が変わってくるのです。

それは見方によっては、意地の悪いやり方という感じがするかもしれません。しかしそういうことを厳重にやりませんと、へんなところにわだかまりがくすぶり、課長も遠慮するというようなことがまま起こります。それでは課全体が困りますし、会社も困ることになります。ですから、そういう宣誓をさせる。そうすると、その瞬間に全部が切り替わるわけです。

若い人を抜擢する場合には、ただポストだけ与えて、「しっかりがんばりなさい」と言うのではなく、そのようにちゃんと介添えをしてやらなければいけません。これは非常に大事なことで、社長がそういうことに気がつかないようでは、会社はうまく動かないと思います。

ただ、そのような抜擢人事をする場合、社長たるものは、私情に駆られてはいけないということがあります。好き嫌いでそういう人事をしてはいけない。やはり、その仕事に役立つ人かどうかということで見ないといけません。それが基本です。仕事はできるけれどもあいつは虫が好かん、ということではいけませんし、仕事はもうひとつだけれど自分の好きなタイプだから課長にしよう、というようなことでもいけません。その点のけじめをはっきりつけて、かりに虫が好かないと思っても、仕事のためには、この男がいなかったらこの仕事はできないという気持ちで頭を下げる。経営者というものはそこまで徹しなければいけないと思います。

そういう姿勢が、抜擢人事の根底には必要で、そういう私情にとらわれない態度があってこそ、その人事に他の社員も納得し、協力することになるのだと思います。

〝カン〟で分かるか

カンというと、特に若い人たちにはそんな非科学的な、という人が多いと思います。しかし、いろいろなことを科学的に決めていっても、最後にやはり、その上にカンが働いていなかったらいけないのではないかという感じがします。

以前、私の会長時代にこんなことがありました。

それは、あるとき思い立って調べてみると、本社が地方の営業所なり事業所なりから報告書をとっているのです。毎日とるものもあれば月一回のものもあるわけですが、それがなんと二百四十種類もあって驚いたのです。

そこで私は「なぜこんなに報告書がいるのか。だれがこれを読むのか。つくる人も読む人もたいへんだし、それが実用に供されるのかというと、そうも思えない。だから、あした会社がつぶれると困るから、あしたつぶれるということに関係のあるものだけは残すけれども、それ以外は全部やめてしまってはどうか」ということを言ったのです。そうすると四十二に減りました。

そういう中でいちばん顕著な例が電子計算機でした。当時、電子計算機を使って、その日の売上げが翌日の朝ピシッと出るようになっていました。きわめて正確な数字です。そこで「これ費用が何ぼいるのか」ときくと、「月に三百六十万円いる」とのことでした。

そこで私は「これはムダやな」と言ったのです。それはもちろん便利です。しかし、きのうの売上げが、きょうの朝ピシッと出てきて、それによってつぎに何をなすべきかということをするときにのみ、これは役に立つ。しかし実際には、それを集めただけで、何もしていないではないか。うちの商売というものは、そんなことをしなくても、五日に一ぺん報告があったらだいたいにおいて分かるし、毎日する仕事だったら、どのくらい売れているかということはカンで分かる。カンで分からないようなことではもうあかん、というわけで、それをやめさせたのです。

当時の松下電器では、九〇パーセントまで経験によるカンで仕事ができる、その上に一〇パーセントというものを科学的にのせたらいい、という状況だったと思います。今では科学的な要素がもっと高まっていますが、要はカンでいいときと、カンではなく科学的なものでないといけないときがあるわけです。しかし、カンが必要ないということには決してならないと思います。

どんな科学者でも、カンの働かない科学者はダメだといいます。偉大な発明をしたエジソンのような人でも、その発明は、ふっと浮かぶひらめき、カンによっています。そのひらめきによって、よりよい科学というものをつくりあげているわけです。

そういう意味においても、カンと科学というものは、やはり車の両輪だと思います。カンにかたよってもいけないし、一方、数字とか科学にかたよってもいけない。その二つを常に両輪のように使っていく必要があるという感じがするのです。

会議はおおむね非能率

以前、アメリカの会議について話を聞いたことがありますが、向こうの会議はきわめて簡単だそうです。ときには長くかかる場合もあるのでしょうが、たとえば、技術ならば技術について会議を開くと、まず技師長が「今度こういうようなものをこうやるのだ」と説明する。そして五人なり十人なり、そこに集まっている技術者に「何か意見があるか」ときくと、たいていの場合、意見はない。そこで「ではこのとおり決定する、閉会」ということでみなオーケーになるというのです。

というのも、向こうでは、自分の案を説明して意見が出、それによって内容を変えなくてはならないような技師長だったら、すぐクビになってしまう。みんなの意見を聞いて変更しなければならないような計画を立てていたのでは技師長は務まらない。それほど技師長にエキスパートを集めているというのです。

社長についてもまた然りで、社長が「こうしてこうやるのだ。どうだ諸君の意見は」「賛成」、それで決まり、というわけです。それは社長の権威におもねる意味で賛成というのではありません。それほどの実力をもった社長でなかったら、社長をクビになるというのです。

相当前に聞いた話ですので、現在のアメリカでもそうなのかどうか興味のあるところですが、そういう技師長や社長が主宰する会議であれば、きわめて能率がよいでしょう。

ところが、社長が実際の仕事についてはあまり知らず、「どうだ君、やれると思うのだがどうだ」というようなことを言っていますと、甲論乙駁《おつばく》、議論百出となって、三日ぐらいもかかることになりかねません。それはいささか極端ですが、日本での会議というものには、概してそのような傾向が強いのではないでしょうか。それでは何かにつけてテンポの速い今日の世の中では、結論が出たときにはもう状況が変わっているということにもなりかねません。

ですから、会議だからといって、会議室に集まり椅子《いす》に座ってするというのではなく、立ち話で会議をして即決する。しかもそれでも事態は刻々に変わりつつあるから、その立ち話の会議を状況の変化に応じて何回かくり返す。それくらいの心がまえが必要だと思います。

もちろん、事が決まっていても、会議に付して衆議をまとめねばならない場合もありますし、実際に衆知を集めるために一ぺんみんなに意見をきいてみようということもあります。そのように会議にもときによって千差万別、いろいろありますから、いちがいにはいえませんが、私は会議というものについては一面そういう認識をもつことも大切なことだと思うのです。

先に買う人は進歩への貢献者

何の商品でもそうでしょうが、特に電気器具を買ってくださるお客さんの中には、よく「あとから買った人は非常にいいものが手に入るから、先に買った人は損だ」と言われる方があります。「新しい製品にはついているものが前のにはなくて、あとから買ってつけた。先に買うと困る」というような不満をお聞きすることがよくあるわけです。

これは実際そのとおりなのですが、こういうことは永遠に続くと思います。商品をつくるほうは、もちろんきょう現在はそれが最善だと思って出すのですが、日進月歩の世の中ですから、日とともに次々に新しいアイデアが生まれてきます。進歩の速い業界の商品には、絶えずそういうことがあります。

しかし、これについては、電気製品に限らず、お互い商売をする者は、はっきりした信念をもっていなければならないと思います。商売をする人自身が、初めに買う人は損で、あとから買う人のほうが得だと考えていたのでは、商売ができなくなってしまいます。

あるときも、会合でこういう声がありました。「テレビを初めのころに買って損した。

十二万円もしたのを買ったのだが、最近半値になっている。こんなバカなことはない。もう電気器具はうっかり買えん。次々といいものが安くなっていくから困る」と言うのです。

それで私は、こう答えました。

「なるほどそのとおりです。しかしあなたのような人がいなかったら、テレビは進歩、発展しないのです。あなたが十二万円のときにお買いくださったから今日《こんにち》六万円でできるようになったのです。ですからあなたは六万円損したように思われるでしょうが、そうではなく非常に多くの人に貢献しておられるのです。同時にあなたはだれよりも早くテレビを見ておられる。いちばん早くテレビのよさを味わっておられる。結局あなたがいちばん偉いんだというふうに考えていただかないと困ります。皆が『来年買おう』と言っていたら、テレビは一つも売れないようになり、値段は永遠に十二万円です。これは何事によらずそうではないでしょうか」

「いや、なるほどうまいこと言うな。やっぱり早く買うほうが得やな。早く買う人が偉いんやな」と言ってみんなで大笑いになりましたが、どの仕事でも最初に買う人がいなかったら進歩しないと思います。

「自動車でも、初めにできたものはそうよくはなかったが、それまでなかったものができたということでそれを買った。一年するとその三倍いいものができた。しかし損をしたと思ってはいけない。〝最初、おれが金を投じて買ったから、自動車が多くの人に行きわたるようになった。おれは貢献者だ、同時に自分はいちばん早くその便益を得たのだから、得をした〟と考えてもらわないといけない。みんながそういう考えにならないと、世の中は発展しないと思います」という話をしたのですが、これは実際そのとおりなのではないでしょうか。

値切って信頼されてこそほんとうの仕入れ

〝利は元にあり〟といわれますが、仕入れというものは事業の成否を左右するほどの大きな役割をもっています。それだけに仕入れにあたる人のあり方が非常に大切なわけですが、仕入係というものは、仕入先がその注文、指示を受けて活気が充満し、「この商売はなかなか面白い。安くできてしかもよく儲《もう》かるものだな」ということで、経営意欲がどんどん盛り上がるような仕事をしていかなければならないと思います。

そのためには、仕入先に対して、品物が安くできる具体的方法を教えてあげることができればいちばんいいのでしょうが、お互いに神様ではないのですから、何もかも分かるというわけにはいきません。そこで「これでは高い。高くないのかもしれないが、とにかくこのままでは競争に負ける。だから勉強してほしい。君のほうの利益を割《さ》いてくれとは言わない。適切な方法を見つけてほしい。やり方次第では、安くして、しかも君のほうもこれまで以上に利益があがるという方法を生み出すことも可能だと思う」というような要望をする。そういうことを一年続けるならば、そこに画期的な成果も生まれてくると思います。

というのも、そういう要望を絶えず受けていますと、仕入先の人の頭がどんどん進んで、「今まで一人で百個つくっていたものが二百個つくれるようになった。それも、今まで一生懸命汗みどろだったのが、じっとタバコを吸っていて二百個できる機械を考え出せた。品質も統一され、倍できて、利益はこれだけあるから、これだけ安くしましょう」ということにもなってくるわけです。

そういう要望をするのでなく、初めから、ただ「まけろ、まけろ」と言うだけでは、「あの仕入係は顔を見たら値切りよる。もうかなわんな。どこか他の係に替わってくれたらいいのにな」というようなことになってしまいます。

人間というものは妙なもので、商売で値切り方が下手だとバカにされます。「甘いな」というようなものです。百円のものを百五円で買ってもらい、儲けさせてもらって、しかも買ってくれた人を尊敬しないで笑っているということがあるわけです。

しかし、「百円のものを九十五円に値切られて五円損した。けれどもあの人の言うことを聞いていると、なるほど、われわれのものの考え方を変えなければいけないな、という気になる。値切られたことはつらいけれど、非常に勉強になった。これはなかなかの人だ」と喜んで帰って、学んだことをみずからの経営に加えることもあります。

やはり、真実をうがった交渉の仕方をして、「こうだから君、こうしてくれないか」と言うと、「あの人の言うことはもっともだ。きついことを言われるけれど、なかなか偉い人だ」と尊敬され、信頼されることになる。仕入係というものは、そのように安く買って尊敬されるというものの考え方、技能を会得しなくてはならないと思います。そしてそういう仕入れのできる人がいる会社は、力強い発展をしていくことになると思うのです。

社長は軍師ではない

経営者の決断というものは、きわめて重要なものです。その決断いかんが、ときには企業の存亡にかかわるということで、その責任の重さ、つらさはたいへんなものです。しかし、そういう責任を問われる立場に立つということは、一面では人間としての生きがいでもあると思います。

その決断の基準をどこにおくか、ということですが、普通の場合は、手堅くやるというのが常道でしょう。しかし、手堅さ一本でいいかというと、それだけでは対処しきれない場合があります。時代が急変する場合には、これに応じて思い切った手も打たなければいけません。手堅くていい場合と、急変に遅れないよう思い切った手を打たなければいけない場合と、その判定が、経営者の判断であり、決断ということでしょう。

その場合に大切なのは、やはり、真実を見るということだと思います。そしてそのためには、個人の欲をもってものを見てはいけない。何物にもとらわれず心を空《くう》にしてものを見るという、いわゆる素直な心が必要です。名誉にとらわれたり、世間の評判にとらわれたりしない。そういうものにとらわれないで、笑わば笑え、自分は正しい道を行くんだ、という気持ちになる。そういうとらわれのない素直な心になれば、物事の実相、真実の姿が見えてくるものだと思います。

ただ、そうはいっても、実際の決断にあたっては、心を乱すいろいろな〝雑音〟が入ってきます。

もちろん、その雑音も聞かなければいけません。これを全部遮蔽《しゃへい》してしまうと独断になります。ですから、聞くことは聞くけれども、それにとらわれないようにしなければなりません。

雑音の中には、善意のものもあります。社員の人が、会社のためと思って進言してくれる。それがときには間違っていることもあります。その場合、それは間違っていると見抜けるだけのものを経営者はもっていなければなりません。いうなれば雑音の聞き分けです。これができないと具合が悪い。経営者は、雑音も聞きながら、それを聞き分けることで正しい決断が下せるわけです。

会社、商店における社長、つまり大将というものは軍師とは違います。軍師はこういう戦法をとったらいい、ということを進言します。しかし、その進言を採用するかしないかを決めるのは、大将の仕事です。極端にいえば、大将のすることは決定だけです。

十人の軍師がいれば、十人の意見が一致することもあるでしょうし、意見が三つに割れることもあるでしょう。そのどれをとるかの決定権は大将がもっています。ですから、決定をしない大将は愚将であって、愚将では戦《いくさ》は負けです。

結局大事なのは、大将が決断を下すことで、あとはその決断の下に全員が足並みをそろえること。そこまでくれば、あとは大将の統率力の問題で、統率力はすべて大将の識見いかんということになると思います。この大将が決めたことであれば間違いない、ついていこう、となるもならぬも、大将の識見次第ということになるのではないでしょうか。

経営力がどれだけ向上しているか

碁や将棋には、初段であるとか二段であるとかのいわゆる段位制がありますが、経営者についても、だれそれさんは三段の経営者だ、だれそれさんは五段の経営者だということを的確にいってくれる人があると非常に面白いと思います。「自分は三段だと思っていたのに二段か。これは勉強しなくては……」ということになりますし、「私はどういうところで三段になれないのですか」「あなたはこういうところがちょっといけない。こういうふうであれば三段になる」というようなことにもなって、きわめて好都合です。

しかし、幸か不幸か、経営というものには、碁、将棋のむずかしさとはまた違った複雑なものがあって、そういうことはだれも的確にはいえません。結局、経営者として三段であるのか二段であるのかということは、自分で判断するより仕方がないわけです。

ところがその自己判断がなかなかむずかしい。人間というのは他人のことは評価できても、自分のことは案外分かりにくいものです。しかし、むずかしいけれども、それを的確に行うということが、きわめて大切だと思います。特に企業が発展していく過程においては、経営者がみずからの経営力を的確につかんでいないと、そこから問題が生ずるということが往々にしてあるように思います。私は、松下電器が大きくなる過程で、そういうことを直接間接に少なからず体験してきました。

たとえば、松下電器の発展とともに、何百軒かの取引先が、多少の違いはありますがみな大きくなってきました。ただ、その過程では、最初はうまくいって大きくなったけれども、さらに大きくするために五十人の従業員を百人にした、その結果だんだん経営が悪くなってきた、というようなところも出てきたのです。

そこで、それはどうしてなのかと、それらの取引先の経営ぶりをよく見てみますと、結局そこの経営者、首脳者が進歩していない、経営力が向上していないということなのです。そのために人を倍に増やしたことによって、かえって全体としての力が落ちてしまった、それで行きづまっているというケースが、ときにあったのです。

そういうことからも私は、経営者というものは、自分自身なり経営幹部なりの力が総合してどの程度あるのか、いわば会社の経営力に何段の実力があるのかということを、絶えずつかんでいなければならないと思うのです。

会社が幸いにしてだんだん大きくなってきた。しかし、やるべきことはまだまだたくさんある。だから、こういう仕事もやったらよかろう、またやるべきだ、と自分でも考えます。また、社員からもどんどん進言がありますす。そういう場合に、会社にその仕事をやっていくだけの経営力があるのかどうか。そこまで経営者の力量が高まっているのかどうか。その点をよく検討して、もしそれだけの力がないと思えば、どんなに社会のためになることでもやらないようにする。これまで五十人の人を使いうまくやってきたのだから、百人にすればさらに大きな成果をあげることができるだろう、と考えがちなのが人情ですが、それだけに、実際に行きづまってはじめて経営力の不足に気づいたといったことにならないよう十分心したいと思うのです。

時代をつくっていく経営をしたい

時々刻々、非常に変化が激しい今日の世の中においては、何年も同じことをやっている会社は落伍《らくご》してしまいます。ですから、その刻々に変わっていく時代についていくというのが、今日における一つの経営法だと思います。また、そこからさらに一歩進んで企業が時代に先駆けて、新しい時代をつくっていくという経営法もあると思います。そのどちらかをやらなければいけません。そうでないと、たとえ生き残ることはできても、発展は望めないのではないでしょうか。

そしてその二つのうち、今はやはり時代をつくっていくということがより大事だと思います。

一九八〇年代を迎えて、未来学者といわれる人たちがいろいろな予測をしていますが、未来学者といわゆる経世家とは立場が違います。未来学者は過去なり現在なりを分析して、それによって将来はこうなるだろうという予測をします。しかし経世家というものは、人間の幸福のために将来はこういう世の中をつくろうということを考えます。そこに経世家の未来学と学者の未来学の違いがあります。

そして、今日の経営者は経世家でなければならないと思うのです。

つまり、経営者が日々熱心に仕事をしていれば、みずからの商売なり経営なりについて〝こうやってみたい、こうありたい〟といった希望や理想があるはずです。それを社員に訴え、その実現にともに努めていくということを大いにやるべきだと思います。

もちろん、一年先あるいは三年先には、世の中はこうなるだろうということを察知するいわゆる先見性というものは、経営者にとって欠くことのできないものです。しかし最近のように変化の激しい社会では、こうなるだろうと思ったことが必ずしもそうなるとは限りません。そこで、そのような先見性をもつことに加えて、みずからこうしようというものをもって、その実現をはかっていくことが必要だと思うのです。

私自身も、これまでかなり熱心に仕事をしてきましたので、その時々において自然に先のことを考えていましたが、同時にそこに自分のこうありたいという希望をつけて、時に応じて発表してきました。松下電器がここまで発展してきたのは、一つには、そのように社員に訴えたことが、幸いにしてうまく実現したからだということができると思います。

ただ、〝こうやってみたい、やれるはずだ〟という考えにあまりとらわれると、かえって失敗します。ですから、常に素直な心で謙虚に物事を見つつ、一歩一歩確実にやっていくことが大切なのはいうまでもありませんが、その上で、やはり、みずから時代をつくっていこうという積極的な姿勢が、今日のような激動の時代には、きわめて大切なのではないでしょうか。

経営も〝腹八分目〟が大事

最近は銀行から金を借りますと、両建預金を、というようなことがいわれます。それについては政府なり日銀なりが行きすぎだと反対して一時話題になりましたが、私は今（昭和五十五年）から五十年以上も前に、銀行にいわれなくても自分でそれをやっていました。

それはどういうことかといいますと、銀行から金を借りるときに、一万円借りたらいいなという場合でも、あらかじめ多めに二万円借りるのです。そして余分の一万円をそのまま定期預金にしておくようにしたのです。そうしますとこれは両建預金と一緒で、高い金利を払って借りた金を安い金利で預けておくわけですから損です。しかし私は、それを損だと思わずに、保険料だと考えていました。そうしておけば、必要なときにはいつでも引き出して使えますから、資金に余裕があります。そういうことを銀行から要求されてやったのではなく、自分のほうからしたわけです。ですから銀行は、松下さんのやり方は堅い、といつも信用してくれました。

これはいうなれば、借金をするのにも余裕をもっていたということになると思います。私は昔から、そうした余裕をもった経営というものを心がけてきました。そのことを私は、自分なりにダム経営と名づけているのですが、この場合には、いざというときのために借金で資金のダムをつくっていたわけです。

もちろんダムが必要なのは、資金の面だけではありません。人材のダム、設備のダム、在庫のダム、技術のダムというように、適正な経営をしていくためには、あらゆる面でゆとりをもつことが大切だと思います。つまり、何でもめいっぱいのやり方をするのは危険だということです。

したがって、ダム経営というのは、絶対に有利で得をするというものではありません。資金でも設備でもダムをつくっただけでは利は生まれませんし、めいっぱい使ったほうが得です。しかし、ダム経営をしていけば、だいたい堅実で失敗が少ないということがいえると思います。ですから、長いあいだ安定的な発展をしていこうと望む企業には、ダム経営は不可欠だと思うのです。

それは別のいい方をすれば、自己検討、自己評価というものをしっかりして、五十キロの重さのものを持つ力があっても、四十キロでやめておこうということです。五十キロ持てるからといって無理をすれば、つまずいて転ぶこともあります。しかし十キロ分の余力を残しておけば、そんな心配はまずありません。要するに腹八分目の経営です。たとえば百の設備をしても動かすのは八十で、あとの二十はとっておく。そうすると、いざというときの需要に十分こたえられます。これからの経営はすべてそのように腹八分日経営で、しかも適正利潤が得られるということを考えてやらなければならないと思います。

もっとも、現実に百の需要があるという場合に、生産を八十に抑えるというのは消極的すぎる面もあります。ですから九十まではつくる。しかし百はつくらない。それでは売れ残る心配が大きいわけです。

大事なことは、百の需要を正確につかむこと。百二十の需要を百と判断してもいけませんし、八十の需要しかないものを百と判断しても失敗します。ということは結局は、ダム経営をしていても的確な判断が大切ということになるわけです。

経営の適格者が力を発揮できる社会にしていきたい

自由主義経済の社会に企業間の競争はつきものです。競争あればこそ、お互いが切磋琢《せっさたく》磨《ま》し、進歩、発展も生まれてくるわけです。しかし、その競争は単に力がものをいう競争であってはならない。そこに力以上のものが働いていなければならないと思います。

その力以上のものとは何かといいますと、〝何が正しいか〟という一つの哲学というか理念というものです。そういうものがお互いの考え方の基本にあって、それをもって対抗し、競争するのでなければならないと思うのです。さもないと、この世の中は、単に力の強い者が勝つということになってしまいます。

もっとも、強い者が勝つことが、人々の繁栄につながるのであれば、それでいいわけです。しかし実際はそうではありません。強い者が勝つというような世の中を是認すれば、その力は往々にして暴力に変わります。それは過去の歴史が教えるところです。ですから、やはり〝何が正しいか〟ということを基本に据えていくことが大切だと思うのです。

それをもう少し具体的にいいますと、競争というものは、たとえ資本が少なくても、経営の適格者がそこで成功していくことができるというものでなければならないということです。もっとも、ひと口に適格者といっても、これには別に秤《はかり》やものさしがあって測れるわけではありません。ですから、その判定はなかなかむずかしいと思います。しかし、一応は衆目の見るところ、商売にも良心をもってやっているし、努力もする、またある程度の創意もある、といったような、いくつかの基準をもって適格者を想定していくことはできると思います。そういう適格者が、それぞれの業界で生き残れるような競争をお互いに心がけていくことが、きわめて大切だと思うのです。

ところが、これが力のみによる競争に陥ったとなりますと、経営者の適否よりも資本の力、資本の暴力がものをいいます。資本力のない者はそれに対抗できず、経営の適格者まで落伍するようになってしまいます。それは社会にとって好ましいことではありません。

ですから、いくら資金があるからといって、その力にばかり頼るのではいけない。やはりいろいろと創意工夫を凝らし、一方で紙一枚も節約するといった努力を重ねることによって原価を引き下げる。原価が引き下げられたら売値を下げても儲かる。だから安くする。それが進歩というもので、そういう面でお互いが大いに競争するということでなければならないと思います。

そうした姿であれば、中小企業にも十分競争していける道があります。むしろ、経営に適格な人さえ得れば、中小企業のほうが好ましいともいえましょう。

どんな仕事、どんな事業でも、適格性のある人が残り、そうでない人は他に適性を求めて、そこで成功する。それが社会の進歩の姿であり、そういう社会が望ましいと思うのです。

求める心さえあれば衆知は集まる

事業の成否というものは、結局、その会社、商店の経営力いかんにかかっているといえましょうが、その経営力というのは、一つには、その会社、商店の全従業員の衆知が集まるかどうかによって決まってくると思います。社長が手八丁口八丁のすぐれた人だから経営力が強いということも、ある場合にはありましょうが、しかしそれが最高のものだとは思いません。むしろ、そういう姿を続けているとうまくいかなくなることが多いと思います。なぜそうなるのか、理論的には説明しにくいのですが、現実にはそういう姿が多いようです。それはいわば理外の理といったものでもありましょう。

私の場合、衆知を生かした経営をしていこうということを、自分なりに終始一貫して考えてきました。そしてそれを社員にも呼びかけ訴えてきました。

「この会社は松下幸之助個人の経営でもなければ、だれの経営でもない。全員が集まって経営するということよりほかにないのだ。みんなの知恵で経営するのだ。衆知経営だ。そのことにわれわれが成功するかどうかによって、会社の将来が決まるのだ。だから、みんな一人ひとりが、みずから発意する経営者だ。そう考えようではないか」

そういうことを、私は、あらゆる機会に社員に話してきたのです。もちろんそうした呼びかけをしても、〝それはそのとおりだ〟と素直に考えてそれに協力してくれる人もあれば、そうでない人もいます。しかしある程度そういうことが浸透して、それなりの成果があったように思います。

そういうことで、衆知による全員経営ということが今日でも松下電器の一つの基本の方針になっていますが、それが世間にも伝わって、いったいどうしたら衆知が集まるのか、衆知を集めるにはどのような方法をとったらいいのか、といった質問を受けることがよくあります。しかし、それに答えるのはなかなかむずかしく、いわく言いがたしという面があるように思います。

衆知を集めるというと、すぐに考えられるのが、会議を開いて意見を交換するということです。確かにそれも一つの方法ですが、会議を開けばそれで衆知が集まるかといえば必ずしもそうではありません。その典型的な例が小田原評定というもので、それでは衆知でなく衆愚になってしまいます。ですから、別に会議がいけないというつもりはありませんが、どうしたら衆知が集まるかについては、そういう形式的な面もさることながら、もっと基本的に大事なものがあるように思います。

私は、何事によらず、それをなし遂げるために最も大切なことは、まずそのことを強く願うというか、心に期することだと思うのです。何としてもこれをなし遂げたい、なし遂げなければならないという強い思い、願いがあれば、事はもう半ば成ったといってもいい。そういうものがあれば、そのための手段、方法は必ず考え出されてくると思います。

ですから、衆知を集めようと思えば、やはりまず〝衆知を集めたい〟という気持ちを強くもつことです。そういうものが心にあれば、それはその人の態度、物腰にも現われて、おのずと衆知が集まるようになってくるものです。

実際問題として、衆知を集めた全員経営といっても、ごく少人数ならともかく多少とも大きな企業では、一人ひとりの考え、意見をすべて聞くということは不可能です。しかし、社長なら社長に、皆の衆知によって経営をしなくてはならないという気持ちがあれば、やはり有形無形に社員の考え、意見が入ってきて、かりにかたちは独断のようであっても全員の心をわが心とした的確な判断ができるものだと思います。私がやってきたのも、そういうことだったように思うのです。

もちろん、そういう心がまえをもつとともに、具体的にはだれの言葉にも耳を傾ける謙虚さをもつとか、社員の人が意見を言いやすい雰囲気をつくるとか、そういったことを日常的にやっていくことが大切でしょう。しかし、そういうことも、根本に〝衆知を集めてやっていかなくてはならない〟という気持ちがあれば、自然にできていくのではないかと思います。

そういう意味で私は、衆知は〝集める〟ものというより、求める心さえあればおのずと〝集まる〟ものだと考えているのです。

うまくいかない原因は自分自身の内にある

およそ物事というものは、用意周到な計画を立てていったら、失敗はほとんどないといってもいいと思います。それが次々に失敗があるということは、やはりなすべきことをちゃんと考えていない。あるいは考えていても、実行していないというところに原因の多くがあるものです。

会社や商店の経営でも、うまくいかない点があるという場合、それはなぜか、うまくいかない事情はどこにあるのか、外部にあるのか内部にあるのか、と考えてみますと、ほとんど一〇〇パーセントといっていいほどその原因は会社自体にある、またお互い自身にあると考えられるのではないでしょうか。

世間が不景気だからうまくいかない、といいます。なるほどそういう点はありましょう。しかし、それは、みずからをそこで慰め、やむを得ないこととあきらめてしまっている姿ではないでしょうか。そのような世間全体の不景気というものについても、なすべきことをしていれば、それによって影響される事柄はほんとうはないのであって、それだけ大きな影響を受けるということは、その状態をやはり会社自体、あるいはお互い自身がつくっているからであると解釈すべきでしょう。

競争が激しいから経営が困難になった、という場合でも、その会社なり商店なりが、なすべきことをちゃんとなしていれば、競争が激しければ激しいだけ、かえって高く評価されて得意先が集まってくるということにもなると思います。それがそうならずして、逆に得意先が逃げていく、他にとられるということは、やはり得意先をひきつける実力というか、魅力に欠けるところがあるからそうなってくるわけです。

とかく私たちは、自分に都合のいいような解釈をしがちです。〝ああいうことは予期しなかった〟というようなことを考えて自己慰安をする、お互いに慰めあうということをしがちです。一面においてはそういうことも必要でしょう。それによって悩みがやわらぎ、新たな気分になってまた仕事に取り組む勇気も湧いてくるからです。

しかし、それだけではいけません。それと同時にもう一つ、深い原因は自己にあるという反省をしなければならないと思います。実際、何かうまくいかないことがあったとき、あとからよく考えてみると、〝あのとき、こういうことをしておけばよかったのに〟とか、〝ああいうことはやる必要がなかった〟といったことが、次々に出てくるものです。

深く反省することによって、そういうことに気がつくか気がつかないか。そのことが企業が順調に発展していくかどうかに大きくかかわっていると思います。

うまくいかない行きづまりの原因というものは、外部なりいろいろの事情はあるにしても、そのほとんど一〇〇パーセント、まあ少し割り引くとしても九五パーセントまでは自分にある。決して外部にあるのではない。そういう考えでやっていけば、そこに新しい工夫が生まれてきて、不景気には不景気としてやっていく道、競争の激しい中では激しい中でやっていく道が、必ずひらけてくるものだと思うのです。

社員に夢をもたせない経営者は失格である

私の社長時代には、機会あるごとに、何年後には会社の規模はどのくらいになる、ということについての私の考えを、社員に話すことにしていました。たとえば、昭和三十一年には五カ年計画の発表といったことをやりました。

当時は、そういうことを発表する会社はほとんどありませんでしたし、社内での話であるとはいえ、当然社外にも漏れますから、いろいろとさしつかえが生じる面もあります。ですから経営の上からいえば、それは必ずしも好ましいこととはいえなかったでしょう。

しかし、五年先には売上げをどれだけにする、そのためには社員を何人にする、という数字を出し、それを遂行するのに必要な心がまえを話すことによって、社員のほとんどが会社の計画をよく知ってくれました。もちろん、それによって、どれだけの効果があがったのかはいちがいにはいえませんし、また他の会社にいわば手の内を知られるというマイナス面もありました。しかしそれらを承知の上であえてそういうことを発表したのは、一つには社員にしっかりした目標や夢をもたせたかったためであり、また一つには、それが経営者として正しい道であると信じたからです。

その後も、週五日制の実施であるとか、欧州並みの賃金の実現といったことを社員に目標として示し、ともにその実現に向かって努力する、ということをやってきました。

そういう行き方には、経営政策上いろいろな批判があるでしょう。事業遂行上、不利な面も多分にありましょう。しかし、経営者の確たる方針や考え方を、社員全員に徹底して知らせるということは、そのような不利を超え、損得を離れて正しいことではないか。そう私は考えたのです。

その考えは、今も変わりはありません。つまり、経営者としての大きな任務の一つは、社員に夢をもたせるというか、目標を示すということであり、それができないのであれば経営者としては失格である、という気がするのです。

経営のコツここなりと気づいた価値は百万両

本書の標題ともなっているこの言葉は、実は昭和九年の元旦に、私が松下電器の従業員にお年玉として贈ったものです。当時私は、松下電器の責任者としての自分が日ごろ考えていることを従業員の人々により多く知ってもらうため、あるいは自分自身の話し方の訓練のためということから、毎日の朝会で従業員に話をすることを続けていたのですが、昭和九年の年頭のあいさつの際に、この経営のコツということについての話をしたのです。当時の記録から、その話の概要をここに引用してみます。

「昭和九年の輝かしい元旦を迎え、元気に満ちた多数諸君の賀詞を受け、これに過ぐる喜びはない。殊に国民の久しく待望し奉った皇儲《こうちょ》殿下の御生誕により更に御目出度い新春である。

昨年中は諸君の一致精励により、順調なる業績を収める事が出来て厚く御礼申し上げる。

諸君の真摯《しんし》なる努力により年一年、伸展を見つつある事はまことに慶《よろこ》ばしい次第であるが、さて翻って考える時、自分の責務はこれに伴うて加重するのである。即《すなわ》ち諸君の努力を生かすも殺すも、自分の指導宜《よろ》しきを得るか否かによって決せられるのであるから、深甚の考慮を払わなければならない事を痛感する。然《しか》し乍《なが》ら諸君憂うる勿《なか》れ。自分には確固たる経営方策があり、断じて誤らざる事を明言し得るのである。安心して追随して来て貰《もら》いたい。

但し諸君は、各自受持った仕事を忠実にやるというだけでは十分ではない。必ずその仕事の上に経営意識を働かせなければ駄目である。如何《いか》なる仕事も一つの経営と観念する所に、適切な工夫も出来れば新発見も生まれるものであり、それが本所業務上、効果大なるのみならず、以《もっ》て諸君各自の向上に大いに役立つ事を考えられたい。

されば諸君に、きょうのお年玉としてつぎの標語を呈しよう。

『経営のコツここなりと気づいた価値は百万両』

これは決して誇大な妄語ではなく、真に経営の真髄を悟り得た上は、十万百万の富を獲得する事もさしたる難事ではないと信ずるのである」

昭和九年といいますと、ちょうど私が不惑を迎えた年ですが、あらためて読み返してみて、自分もずいぶん若かったものだという感慨を禁じ得ません。しかし、ここでいっている経営のコツをつかむことが大切だという考えについては、現在でも少しも変わらないどころか、むしろはるかに強いものがあります。

実際、経営のコツをつかむということは、大切なことだと思います。

いかに学問、知識にすぐれ、人格的に一点の非の打ちどころのない人であっても、経営者として成功するかというと、必ずしもそうとは限りません。成功するためには、やはりそれに加うるに経営のコツというものをつかんでいなければならないと思います。

ある繁華街に、ぜんざい屋が二軒あるとします。同じぜんざい屋をやっているのですから、場所柄同じように繁盛していいはずなのが、一方はいつも満員、もう一方はそのあおりだけもらっているといったことがよくあります。それも結局は、その店の経営者が一方は経営のコツをつかんでいるが、もう一方はそうでない、というところから生じてくる違いといえましょう。そのように経営者が経営のコツをつかんでいるかどうかによって、商売にしても企業経営にしても、発展に天地の違いが出てくることになると思うのです。

それでは、経営のコツとはどういうところにあるのか、どうすればつかめるのか、ということになりますが、これがまさにいわく言いがたし、教えるに教えられないものだと思います。経営学は学べますが、生きた経営のコツは、教えてもらって「分かった」というものではない。いわば一種の悟りともいえるのではないかと思います。

お釈迦《しゃか》様は、六年間山にこもって修行されましたが、それでも悟れなかった。そこで苦行をやめて山を下ってこられて、乙女《おとめ》に助けられた。そしてその乙女のさし出す山羊《やぎ》の乳を飲んで菩提樹《ぼだいじゅ》の下で一服されたときに、ホッと悟られたといいます。一生懸命の修行のあとで、安楽にしてじっと考えられたときに、フッと気がつかれたわけです。私は経営のコツをつかむのでも、そんなものではないかと思うのです。

つまり、日々の経営者としての生活の中で、一つひとつの仕事に一生懸命取り組みつつ、そのつど、〝これは成功であったな〟とか、〝成功であったけれどもここのところは完全ではなかったな〟という具合に反省を重ねていく。そしてそれが、やがて意識しないでも考えられるというか、反省できるようになることが必要だと思います。そういうことを刻々にくり返していると、だんだん間違いをしないようになる。ということは、経営のコツが分かってきた、ということになるのではないかと思うのです。

そして、さらにいえば、一つの心がまえとして、やはり素直な心にならなければいけないと思います。自分の利害や感情、欲望といったものにとらわれない素直な心にいつもなるということです。そうすれば、人から意見を聞いたような場合でも、「そうですか。じゃあひとつやってみましょう」ということが、ごく自然に言えます。ところが、なまじ学問をして知識や技術を知っていると、それにとらわれて、人の言うことでもなかなか素直に聞けない。そのために経営のコツを悟るのにも時間がかかる。そういった姿が少なくないのではないでしょうか。

素直な心については、私は以前から、その大切さを人にも言い、自分自身にも言いきかせて、その向上に努めているのですが、常住坐臥《ざが》、常に素直な心になることができれば、人間というものは、物事のほんとうの姿、実相を見ることができるようになって、あたかも神のようにといってもよいほど、強く正しく聡明になることができると思います。

そうなれば、商売や経営において何が大切かといったことも的確につかむことができましょうし、人を生かしていくにはどうすればよいかというようなことも、その時々に応じて正しく判断できるようになるでしょう。それは経営のコツを会得した姿にほかならないと思います。その意味では、素直な心になるところにこそ経営のコツを得るコツがあるといっても決して過言ではない気がしています。

第二章●経営者の心得

結局は社長一人の責任

経営がうまくいくかどうかということは、いろいろな事情があるにしても、結局は最高責任者である社長一人の責任だと思います。

もちろん、社会情勢の影響などもあるでしょうが、経営というものはだいたいは、社長の責任において、どうにでもなっていくものです。社員が社長の意のままにならないと思われる場合でも、根気よく、誠意と熱意をもって説得すれば、やがては必ず聞いてもらえます。とすれば、会社がうまくいかないということは、社長の意図するところに大きな欠陥があるからで、他人を責める前に、まずみずからを強く責めなければならないと思うのです。

こんなことは、分かりきったことといえばそれまでですが、経営者といえどもお互いに人間です。ですから追いつめられれば、そこに人間共通の弱さも出てきます。そして、他人を責めることに急であったり、あるいは意固地になって高所からの判断を誤ったりすることもあります。

しかし、経営者として立つ以上、いかなるかたちにおいても、責任回避ということは、いっさい許されないという覚悟が大切でしょう。この心がまえがしっかり養われれば、社内にも必ずそれが浸透すると思います。部の運営は最終的には部長一人の責任、課長、係は係長、班は班長一人の責任、そして一人ひとりの社員の仕事の成否は、その人自身の責任といった意識が社内に行きわたります。そうなれば、そこからそれぞれの自主性にもとづく力強い仕事が進められることになるでしょう。言うは易く行うは難い〝信賞必罰〟というものも、ピシッと行えるようになると思います。

つまり、会社なり商店の経営においては、社員一人ひとりがそれぞれに自覚して、責任をとろうという考えを常にもっていることがきわめて大切ですが、結局それはまず経営者自身が〝自分一人の責任〟と感じるかどうかにかかっていると思うのです。

平穏無事の一日にも体験がある

私たちお互いが、日々さまざまな体験を重ねていくことの大切さ、尊さは、あらためていうまでもありません。一度失敗したことは体験として残ります。成功したことも体験となります。そういうことを年とともに重ねて自分の血肉としていくことが大切で、年長者というか先輩が尊重されるのは、やはりそういう多くの体験をもっていることによるのだと思います。年をとっても何の失敗の体験も成功の体験もないというのでは、ほんとうに年をとったことにはならないのではないでしょうか。

しかし、体験というものは、失敗なり成功なり何か事があったときだけに得られる、というものでしょうか。事なくして平穏無事、安定した時を過ごしているという姿であれば、体験を得ることはできないものなのでしょうか。決してそうではないと思います。

考えてみますと、私たちが日々取り組んでいることは、すべてが失敗であり、またすべてが成功であるともいえるように思います。商売をして行きづまって借金ができた、というようなことだけが失敗ではありません。失敗というものは成功の過程にもあり、逆に失敗の過程にも成功があると思うのです。

もっと具体的にいいますと、平穏無事の一日が終わったとき、自分がきょう一日やったことは、はたして成功だったか失敗だったかを考えてみるということです。そうしますと、〝あれはちょっと失敗だったな、もっといい方法があったのではないか〟というようなことが必ずあると思います。それについて思いをめぐらせば、これはもう立派な体験といえるのではないでしょうか。

つまり、かたちの上で、あれは失敗だ、成功だと世間からいわれる。そういうことだけが体験なのではなく、日々お互いがくり返している目に見えない〝これはちょっと行きすぎだったかな、ちょっとまずかったかな〟というようなことも十分体験たり得る。問題はそういうことを、みずからの体験として刻々と積み重ねているかどうかだと思うのです。ただ不用意に漫然と日を過ごしていれば、年はとっても体験をもたざる人になってしまうでしょう。

経営者としては、そうした点について、みずからつとめて体験の幅を広げ深めていくとともに、社員に対してはそのような体験を重ねていきやすいよう配慮していかなければならないと思います。もし、若い社員に仕事を与えない、与えても自主的にその人の頭で、その人の考えで仕事をさせていない、というのであれば、それはその人の体験にはなりません。いつも上司の命令によって動くだけでは、機械と同じことになってしまいます。

ですから、やはり、その人の考え、自主性において仕事をさせていくということが人を育てる上においてきわめて大切で、お互いにそうした配慮を常に怠ってはならないと思うのです。

経営は手品ではない

経営者というものは、話し方の上手下手は別にして、常にそのときそのときの真実を訴えなければいけないと思います。

かりに「三ヵ月前にあなたが言ったことと違うではないか。豹変《ひょうへん》している」と非難されても、それが真実であれば、かまわないと思うのです。便宜上言っているのでは具合が悪いし、迫力も生まれませんが、真実を語れば、きのう言ったこととまったく違ったことであっても説得力があります。

ですから、経営者は、常に真実というものに立たなければいけない。策を弄《ろう》するようなことでは、真の経営者とはいえないように思います。

私の場合、いろいろなことをやってきましたが、常にそのときそのときの真実に立って語ってきたということは明言できると思います。そのためでしょうか、だいたいにおいてあまり抵抗なしにこられました。

労働組合との話でも、いざというときには分かってもらえました。それは、常に私がほんとうのことを語り、真実にもとづいて仕事をするよう心がけてきたから、それを皆が知っていてくれたのだと思います。

経営というものは、手品でも何でもない。ごまかしでなく、一つひとつキチンキチンと正しくやり、やがてそれで信頼してもらうということに尽きると思います。そういうところに経営者としての一つのしっかりした信念をもたなければ、経営者は弱いものだと思うのです。

経営者というものは、知識は最高でなくてもかまわない。知恵も技術も最高でなくてかまわない。けれども、真実にもとづいて経営をしなければならないという使命感だけは、だれにも負けないものをもっていなければいけない。それで皆が働いてくれるのだと思います。

知識で経営しようとか、技術で経営しようとか、そういうことでは真の経営者にはなれない。一応の仕事はできるけれど、総合の経営の頂点には立てない。今ふり返ってみて、そんなことが私の経営者としての一つの信念であったように思います。

経営者には社員の注目が集まっている

たとえば戦《いくさ》をするという場合、その大将が少々戦況が自軍に不利であっても、〝よし、この戦、きっと勝ってやろう、勝つんだ、勝てるんだ〟という確固とした信念をもっていれば、たいていは勝てるものだと思います。大将がそういう信念をもっていれば、それがおのずと部下のみんなに分かりますから、部下の士気も大いにあがり、いつもより以上の力を出して戦います。それで勝てる、ということになると思うのです。

反対に、大将が〝この戦、負けるかもしれないな〟と少しでも思ったら、もう勝てるものでも勝てなくなってしまうのではないでしょうか。実際に自分で戦をしたわけではありませんが、私は人間にはそんな一面があるように思います。

そしてそれは、商売、経営についても同じことがいえるのではないでしょうか。何か非常な困難に直面したという場合、経営者が〝この困難をきっと乗り越えてやろう、乗り越えられる〟と思いこむことがまず大切で、そういうことなしにその困難を克服することは、きわめてむずかしいと思います。

それは具体的にいいますと、たとえば不況で仕事がないという場合でも、経営者は社内を沈滞させないようにしなければならないということです。「仕事がなければ、あした一日休もう。しかし、ただ休んではいけない。一日相撲《すもう》をとろう、相撲をとって力を養い、勇気を鍛えよう」とか、「休んでも仕事の腕を落としてはいけない。腕を磨くために、外で鉄でも拾ってきてヤスリをかけよう」とか、とにかくそういう積極性のあることを言って社員の士気を鼓舞し、希望をもたせなければなりません。経営者がシュンとしてしまって、社員とともに「困ったな」と言っていては、事態は悪くなる一方です。

経営者には、社員みんなの注目が集まっているのです。そのことを、経営者は一刻も忘れず、どんな場合にも旺盛《おうせい》な経営意欲を失ってはいけない。そう私は思うのです。

引くに引けないという決意が道をひらく

石油ショック※以後の商売、経営をとりまく環境には、きわめて厳しいものがあります。刻々と変化する先が読みにくい状況の中にあって、それでも、何らかの手を次々に打っていかなければならない。しかもその打つ手に適切さを欠けば、一瞬のうちにいわゆる〝川《かわ》口《ぐち》で船を破《わ》る〟といったことにもなりかねないというわけで、困難といえばまことにたいへん困難な時代になったものだと思います。今は戦争でいうなら、うっかりするとこちらの敗北に終わるかもしれない、命がなくなるかもしれないというほどの、非常に手強《てごわ》い大敵を向こうに回しているような状態ともいえましょう。

しかし、そのような困難というか不況というものは、これまでも五年に一度とか一年に一度とか、大きくは半世紀に一ぺんというように、その時々の社会情勢あるいは世界の情勢を背景にして、何度か起こってきています。その時々に経営者はどのようにして切り抜けてきているのでしょうか。

国によって、また経済界の情勢によって対処の仕方はおのずと違うでしょう。しかし、いついかなる場合でも変わらないことが一つあるように思います。それは、経営者としての自覚にもとづいて、最大の努力をもって勇敢に立ち向かい、最善の戦いを進めていくということに尽きます。その勇猛心がなければ敗北してしまいます。

要するに不況というのは、大暴風雨に直面するようなものです。大暴風雨であっても、その中を歩いていかなければなりません。歩かずに退避する、というのもときには一つの方法でしょうが、企業経営において退避ばかりしているというようなことは許されません。やはり最後はいやでも立ち向かって歩かなければなりません。

それには、そのための覚悟をし、用意をすることです。傘なり雨具なりをもっと丈夫なものにするとか防寒服でも着るとかの用意をすることです。

そして、私の体験からいいますと、落ちついてよく考えさえすれば、雨の強さ、風の強さに応じて、傘をさす方法もありますし、風よけをするような心がまえも湧いてくるものだと思います。それは、このまま退避することはできない、どうしてもこの大暴風雨に向かって進んでいかなければいけない、という決意をすれば、そこに道というものはつくものだということです。

いずれのときにも、身を切られるような思いに悩みつつも勇気を鼓舞してやっていく。

崩れそうになる自分を自分で叱りつけて必死でがんばる。そうすればそこに知恵、才覚というものが必ず浮かんでくるものです。

もし自分に知恵がなければ、先輩にきくとか、あるいは同業の競争相手にもきく。「弱っているんだが、なんとかいい方法はないか」と、そこまで腹を割って相談すれば、競争相手であっても知恵を授けてくれることがあります。私自身、これまでそうやって道をつけてきたように思います。

そのようなことから、私は、今日の厳しい事態に対処するにも、とにかくまず、引くに引けないという経営者としての覚悟を定め、最大の努力をもって勇敢にこれに立ち向かおうという精神を確立することだと思います。それが今日のむずかしい時代に対処する第一歩ともいえるのではないでしょうか。

※昭和四十八（一九七三）年十月六日に始まった第四次中東戦争で、石油輸出の大部分を占めるアラブ諸国が、石油供給削減・大幅値上げの石油戦略を発動した。石油に基幹産業のほとんどを依存している日本は、経済的に大きな打撃を受けた。

いざというときに社員から借金できるか

商売、経営を進める過程で、不景気に直面して非常な困難に陥り、資金不足に追いこまれるというようなことがあります。そういうときに、銀行から金を借りようとしても、必ずしも貸してくれるとは限りません。非常に困るわけですが、そういうときに私自身が考えたことは〝うちの社員は今何人いるだろうか。千五百人いる。彼らはどれだけ金をもっているだろうか。人によって違うだろうが平均十万円ぐらいもっているだろう。その十万円を借りよう。そうすると一億五千万円になる。それだけあれば、十分やっていける〟というようなことでした。自分でそういう腹をくくったわけです。

といっても、実際に社員に「金を貸してくれるか」という話をしたわけではありません。話はしませんでしたが、〝いざという場合は彼らの金を使わせてもらおう。彼らは金を出してくれるだろう〟という信念に立ったわけです。そうすると、その信念が言動に出ますから、社員にしても真剣に考えてくれて、私の言うことをよく聞いてくれる。結局借りずにすんだというようなことが幾度かありました。

それは、日ごろの経営に取り組む私の心がまえに、〝社員の諸君とともにやっているんだ〟という考えがあったからだと思います。そうであればこそ、そのような非常時に際して、「自分も金を出すけれども、諸君も出してくれ。そうして金をつくろうではないか」ということを最後には話してでもやっていこう、という気になれたのだと思うのです。

銀行が金を貸してくれなくても何も心配ない。社員が千人おれば、一人一万円ずつでも一千万円できる。二万円ずつなら二千万円できる。いざという場合にはそうしてもらおう、というような信念を経営者がもてるかどうか。そんなことはできないと考えるか、できるんだという考えをもつか。問題はそこにあると思います。

つまり、大事なのは経営者の信念です。「みんなのためにやっているのだから、諸君もそのくらいのことはやって然るべきだ。平生は賃上げとかいろいろ要求しているのだから、こういうときには会社に奉仕せないかんじゃないか」というようなことを社員に、あるいは労働組合に訴えられるかどうか。

私は、そんなことはできないとは考えませんでした。いざというときには、そこまでやってやろうという考えをもっていました。

幸いにして今日まで、そこまでしなければならない状況はありませんでしたが、いつの場合でもやはりそういう信念がきわめて大切で、特に非常時にはそこまでの信念があるかどうかが問われることになると思うのです。

社員のために死ぬ覚悟があるか

「一将功成りて万骨枯《ばんこつか》る」という言葉があります。だいたいの場合、その言葉のとおりだと思います。天下を取るような人はたくさんの人をかかえています。その人たちが犠牲になって天下を取るというのが普通の姿でしょう。しかし、一応はそういう姿であっても、その大将が、いざというときには軍勢は逃がしても自分は踏みとどまって、軍勢が逃げきるまで戦いぬく、自分はみんなのために死ぬという覚悟を、常にもっていることが大切です。そういう覚悟ができていない大将であれば、部下もほんとうにその人のために働こうとはしないでしょうから、結局戦争に負けてしまって、功成ることにはならないと思うのです。

われわれの商売、経営でも同じことだと思います。経営者に求められるものはいろいろありましょうが、そういう覚悟があるかどうかがいちばんの問題です。そういう心根はおのずと社員に分かるもので、それがなければ、みんなが心から敬服してその経営者についていくということにはならないと思います。経営者のほうも、そういうものをもたないと、妙に遠慮したり恐れたりして、社員を叱ることもできなくなります。それでは社内に混乱が起こることにもなってしまいます。

ですから、やはり経営者たるものは、いざというときには社員のために死ぬという覚悟を、常にもっていることが大切だと思います。といっても、戦国時代とは異なる今日の時代においては、実際に命を取られるということがあるわけではありません。しかし、いわばそれほどの思いをもって日々の経営にあたるのでなければ、力強い発展は期し得ないということです。

そしてそのような経営者の平素の心根がいちばんものをいうのが、会社が困難に直面したときではないでしょうか。

絶えず自分で自分を励ましていなければいけない

〝経営者は信念をもたなければならない〟とか、〝使命感に立たなければならない〟ということを私は日ごろよく口にしています。しかし、信念とか使命感というものを終始一貫もち続けるということはなかなかむずかしいことだと思います。

私の場合、事業を始めた当初は、いわば食わんがためにとにかく一生懸命働いたにすぎませんでした。しかし、一年、二年たつにつれて、また人が十人、二十人と増えるにつれて、だんだん考えざるを得ないようになってきました。年中なんとはなしに働いていたのではすまない気がして、会社としての理想なり使命感なりを、私自身を鞭撻《べんたつ》するためにも、また社員に話をするためにももたなくてはいけない、という気になったのです。いわば必要に迫られてそういう気分が生まれてきたわけです。

それから私は、自分の考えたことをもとによく社員の人たちに、信念をもてとか、使命感をもって仕事をせよとかいうことをいってきたのです。しかしその私自身がどうであったかといいますと、必ずしも人より強い信念や使命感を常にもっていたわけではありません。むしろ、ともすればくじけそうになり、またときに煩悶《はんもん》が激しいこともありました。けれども、そのたびにまた気をとりなおし、勇気を奮い起こして社員の人たちにも話をする。そしてそのことによって、私自身、その信念なり使命感なりをより強固にしてきたというのが正直なところのように思います。

人間というものは、人に向かって〝わしはこうなんだ！〟と強いことを言う人ほど、心の内では煩悶しているという面があるのではないでしょうか。ですから、絶えず自問自答して、しっかりしたものをもたなくてはならない、と自分で自分に言ってきかせる。ともすればグニャッとなる気持ちを自分で叱りつけ、励ましていくことがどうしても必要だと思います。そういうことを日ごろ重ねていれば、何か事があったときに、はっきりしたものがもてると思うのです。その意味で、どういう道にあっても、人生なり仕事なりというものは一生が修業だという気がします。

悩みこそ社長の生きがい

〝不確実性の時代〟ともいわれる今日（昭和五十五年当時）、先の見通しをつけることはなかなかむずかしいものです。それだけに、経営者の悩みも大きい、ということになります。しかし厳密にいえば、そういう悩みは、なにも今日に限ったことではないと思います。これまでもありましたし、これからもある。それがほんとうのところでしょう。

ところが、その悩み多い波瀾万丈《はらんばんじょう》の社会ほど、なすことある人というか、志をもった人には面白いともいえるのではないでしょうか。そういう人は波瀾のある世相、混乱、混迷の時代ほどいきいきとし、仕事への興味も湧き、勇気凜々《りんりん》としています。

しかし、そういうものをもたない人は、時代に流されます。混迷に流されて動揺、混乱してしまいます。経営者がそういう状態では、会社はうまくいきません。

ですから、経営者たるものは、どういう事態に直面しても、いつも〝これは運命だ〟というくらいの覚悟をもっていなければいけないと思います。

昔、侍というものは、家を出れば七人の敵があるといわれました。いつ何時、いざという事態に直面し、命を落とすか分からない。そのための心がまえを常にもっていなければならない。それが侍としての覚悟だと言ってきかされており、そういう心がまえで終始することによって侍としての身分を保っていたわけです。

現在の経営者には、侍以上の覚悟がいると思います。自分の生命は死に直面しており、企業はまた倒産に直結している。そういう綱渡りをしているのだ、というような意識を一面にもっていなければいけないのではないでしょうか。

それを、安閑と、のんびりやっているというのでは、たとえ経営者の地位にあっても、ほんとうの経営者とはいえないでしょう。酒を飲んでワイワイいっていても、常にそういう危険性を負っているのだ、みんなの責任を負わされているのだと意識しているかどうか。しかも、それを意識していて、なお酒をおいしく飲むというようにならないといけないと思います。意識したところまではいいけれども、意識したために心配で酒がおいしくない、というようなことでは、これもまた経営者として失格でしょう。

社長というものは、社員が一万人いれば一万人の心配を背負っていくものです。ですから、心配で夜も眠れないというときもあります。眠れないからつらい、苦しい。しかしそのつらいところが社長の生きがいである。社長が心配しないでのんびりやれる会社などあり得ない。眠れなかったり、煩悶したりしている姿こそ社長の姿で、そこに社長としての生きがいがある。そういう考え方に立つことが、今日の経営者には求められているのではないでしょうか。

右手に経営 左手に政治

商売、経営に取り組む者にとって、今日は、昔と比べて、自分の努力、力だけではどうしようもない、というような不安、もどかしさを感ずることが増えてきているように思います。

といいますのは、昔は、政治と経済は別々で、経済界のことは経済界でやればいいという面が強かったと思うのですが、今日では、政治と経済は一体のものであるという傾向が相当強くなり、政治いかんで経済がよくなったり悪くなったりする面が増えてきています。ですから、どれほど努力しても、自分の畑のことだけでは問題が解決しないということが少なからずあって、そこから昔とは質の違った悩み、不安が大きくなっているように思うのです。

しかもその政治が、相当、混迷、混乱の様相を深めつつあるのが今日の状態です。政治の基本の方向というか、国家運営の基本目標も曖昧《あいまい》なままに、筋論の議論ばかりが重ねられていて、そのもとに経済界も一般国民も、いわば五里霧中の不安の中にいるというのが実情ではないでしょうか。

願わくは、今後のわが国が進んでいくべき基本の方向だけでも明確に打ち出してほしい、そうすればどれだけ仕事がしやすいことかと思います。

しかし、そういうものが打ち出されないからといって、企業を預かる経営者としては、じっとしているわけにはいきません。やはりそれぞれの立場で、みずからが可能な範囲のことを、一つひとつ決定し、実践するよう努めていかなければならないと思います。

つまり、国が、また政治がどうあろうとも、会社としてはこうあるべきだ、こうやらなければならないということを、国のことを思いつつも独自で考えなければならない。政治的な面からどういう困難が生じてこようとも、経営者として立つ以上は、みずからが是とするところを求めてやりぬくのだという自分なりの理念、信念をもち、それに共鳴する人と手を握る。そういうようにして、お互いの安定を求めていくことが大切だと思うのです。

しかし、それだけでは十分ではないと思います。その一方で、政治に対して、経済人としてまた国民として、政治はこうあるべきだ、こうあってほしいということを、力強く要望、提案していくことがあわせてどうしても必要でしょう。

そういうことなしに経済界だけを良化していくことは、今日の社会においては不可能だと思います。ですから、経営の面と同様に、政治への要望、提案といったことについても、お互いに議論し、交流しあっていくことが大切です。そういう姿がだんだん広がっていくことによって、やがてそこから国の方針についても国民的合意が生まれてくると思うのです。

そのようなことからしますと、今日の経営者には、〝右手に経営、左手に政治〟といった姿が強く求められているということになるのではないでしょうか。

商売に行きづまりはない

戦国時代の昔、堺の商人は、織田方と取引しながら、他方で、織田の敵側になる毛利とも商売をしたといいます。われわれには、買ってくれる人がお得意さんである、敵味方にこだわって売る売らんというようなことは考える必要がない、それが堺の商人の冥利《みょうり》である、ということでしょう。

これは、商売というものを中心に考えれば、正しいことだと思います。商人は物を供給するという使命をもっているのですから、おまえは嫌いだから売らない、おまえは好きだから売るといったことは、すでに商売の邪道です。いかに憎かろうと、いかに好きであろうと、商売となれば公平にやらなければいけないと思います。そういうことを私たちの先祖はやってきているわけです。

それは、ある場合には、敵に味方していると誤解されて殺されるかもしれないことです。しかし、そういうことすらも恐れずして、堂々と商売に徹していたわけです。

堺の商人だけではありません。何千年の昔から、商人というものは、洋の東西を問わず、いわゆる戦乱の巷《ちまた》で流れ弾《だま》に当たって死ぬかもわからないという中でも商売をしてきているのです。

そういうことを考えてみますと、今日の私たちをとりまく経営環境がいかに厳しいといっても、まだまだ楽なものだ、結構な時代であるということになるのではないでしょうか。混迷とか不況といったところで、天地がひっくりかえるというのでもなければ、命を取られるというのでもありません。ですから、その時々の状況にふり回されて、右往左往することのないようにしなければならないと思います。

そのためにはやはり、堺の商人がもっていたような商売の本道というか使命というものを、まず自分でしっかりとつかむことだと思います。そういう安心の境地というか、喜びの境地を探して、その上に立って商売をしていくということです。そうすれば、いくらでも勇気や知恵が出てくると思うのです。

私はこの人間社会というものは、本質的に行きづまるということはないと考えています。つまり、大昔から人類は何百万年と生き続けて、だんだん発展してきている。決して行きづまって終わったりしていません。ですから、今後もそのとおりで、いろいろ現実の問題として苦労があり、たいへんだけれども、結局は、それぞれに道を求めてやっていけると信じています。もちろん、実際にはそれは決して容易なことではないと思いますが、少なくとも経営者として激動の時代に対処していくには、そのような信念を基本にもっていることが必要ではないかという気がするのです。

自分は生きた芝居の主人公

昨今の厳しい情勢の中では、お互い経営者として、ときにやりきれない気分になることもあると思いますが、そういうときに、一つの心の持ち方としてつぎのようなことを考えてみてはどうでしょうか。

それは、お互いの人生なり仕事なりを含めて、この現実の社会というものを、一つの芝居、ドラマと考えるということです。

芝居とかドラマというものはなかなか面白いものです。テレビのドラマを見ていて、つい時のたつのを忘れるということもありますし、芝居や映画を相当の料金を払ってでも見に行くということもあります。そして、自分もあたかも登場人物の一人であるかのように一喜一憂し、ときに笑い、ときに思わず目頭を熱くしたりもするわけです。

しかし、考えてみますと、現実の社会というものも、一つの芝居と見られないこともありません。そこでは、われわれ一人ひとりが演出家であり、役者であり、また同時に観客でもある。そういうかたちにおいて、いろいろな生きたドラマが展開しているということができましょう。

この生きた芝居は、見方によっては、普通の芝居よりはるかに面白いと思います。演出するのも演技するのも自分です。やり方次第で、いくらでもいい芝居ができる。しかもそれを自分で鑑賞するのですから、ひとしお味わい深いものがあります。

もっとも、普通の芝居やドラマでも、全部が全部面白いかといえば、そんなことはありません。ストーリーも単調であまり起伏がない、見せ場も少ないというのでは、見るほうとしてもそれほど興味が湧きません。やはり物語も変化に富み、波瀾万丈で手に汗握るといった芝居のほうが見ていて面白いのはいうまでもありません。

われわれの生きたドラマもこれと一緒ではないでしょうか。平穏無事な世の中で演じられるよりも、激動の社会を舞台にくり広げられるほうがはるかに興味があり、味わい深くもあるでしょう。そう考えれば、今日の社会情勢、経済情勢というものは、実に面白い芝居であるということになります。かってない、いわゆる開闢《かいびゃく》以来といっていいほど困難であり、変化の激しい時代であるということは、すなわち、かつてない波瀾に満ちた興味津々たるドラマがくり広げられているということです。

その中で、われわれは、一人ひとりが主役として演技しているのです。そう考えると、これは役者冥利に尽きるというか、役者たることにまたとない感激を覚えて、ひとつ名演技を披露しようということにもなるのではないでしょうか。またそういう姿をみずから鑑賞することにもいっそう深い味わいがあるというわけで、この生きたドラマの価値は計り知れないものがあるのではないかと思います。

困難な情勢に直面すると、人間というのはともすれば、あれこれ不安を感じたり心配したりします。そういう時代に生まれあわせたことを嘆いてみたり、あるいは、だれが悪い、彼が悪いと憤慨してみたくもなります。そういうことも人情として一面無理からぬものがありますが、それに終始していては何も生まれてきません。心も萎縮《いしゅく》してしまい、困難に対処していくための知恵も出てきにくいでしょう。

ですから私は、今日のむずかしい世の中を一つの生きた芝居と見、自分はその主役であると考えたいのです。そうすれば、激動の今日の社会は最も演技のしがいのある時代、いいかえれば、いちばん生きがいのある、面白い時代だということにもなってきます。

そういうところから大きな喜びも湧いて、心も躍動してくるでしょうし、いたずらにおびえたり、憤慨したりすることなく、冷静に事態に対処する道を見出すこともできやすくなってくると思うのです。

病弱と寿命は別のもの

私は今（昭和五十五年当時）八十五歳ですが、ありがたいことにいたって元気で、いろいろな仕事に取り組みつつ忙しい日々を送っています。そのためでしょうか、よく「あなたの健康法は」という質問を受けることがあります。しかし、あらためてそう問われると、これといった特別なことが思いあたらずいつも返事に困るのですが、私は生来、どちらかといえばいわゆる蒲柳《ほりゅう》の質といわれるような虚弱な体質でした。

私は、兄弟姉妹八人の三男、末子として生まれました。まだ子どものころ、家が傾いて貧困のドン底にあったとき、わずか一年ほどのあいだに二人の兄が相次いで死に、また次姉も死んでしまいました。それからしばらくして姉がまた二人死んでしまうということで、私が十一、二になるまでに八人のうち五人までが亡くなってしまったのです。しかもそのうち三人までが、今でいう結核でした。

そんなことから、私も成人するに及んで自分の健康になんとなく不安を抱いていましたが、はたせるかな、十八のころに過労がたたったのか、ついに血痰《けったん》を吐くような事態に陥りました。当時の私は電灯会社に勤めておりましたが、給料は日給ですし、今のような社会保障制度もありません。ですから勤めを休めばたちまち食うに困る、養生しようにも養生しようがないというせっぱつまった状態に追いこまれたのです。

そこで、こうなった以上もうなるようにしかならない、と度胸を決めて、可能なかぎりの養生をしようと考え、三日働いては一日休み、一週間出勤しては二日家で休むというような生活を続けました。

ところが不思議なことに、そんなことを一年半ばかり続けているうちに、病気の進行が止まってしまいました。特によくなったわけではありませんが、悪くもならないようになったのです。ギリギリの線に追いやられて、一種の諦念《ていねん》をもち、その上に立って体と病気を大事に扱ったことが、幸いにもよい結果をもたらしたのではないかと思います。

その後、私は自分の体が弱いということも一つの動機となって、会社を辞め、独立して商売を始めたのですが、四十すぎぐらいまでは、寝たり起きたりの状態で仕事を進めていました。そして若いころはとても五十歳まではもつまいといわれていたのに、今日、八十五歳を迎えるようになりました。

そんなことから考えますと、私はいわゆる病弱と寿命とは別だということをつくづく感じます。人にはみな、それぞれがもって生まれた資質があって、その強弱の度合というものはみな異なっている。一人として同じ顔をした人がいないように、もって生まれた体の強弱もみな違っています。ですから、弱い人は弱いなりに、これに順応した生活態度をとるならば、頑強な人とはまた違ったかたちで十分な社会活動ができるし、長寿も保てると思います。

つまり私は、みずからのもって生まれた資質というものを素直に承認して、それに応じた姿で体を大事にすることこそ大切ではないかと思います。私の場合、そうせざるを得なかったわけですが、それがいわば天地自然の理に従うということであり、これは健康に限らず、何にでもあてはまることではないかと思っています。

青春とは心の若さである

私には、十数年前（昭和四十年ごろ）から、いわゆる座右の銘としている一つの言葉があります。それは、

青　春

青春とは心の若さである
信念と希望にあふれ勇気に
みちて日に新たな活動を
つづけるかぎり青春は永遠に
その人のものである

というものですが、これは、古希の祝いにとある人からもらったアメリカの詩人、サミ

ュエル・ウルマンの詩「青春」にヒントを得てつくってみたものです。

これには、常に若くありたいという希望と、常に若くあらねばならないという戒めがこめられています。肉体的な年齢が年々増えていくのは、だれもが避けて通れない事実ですが、心の若さは気の持ちようであり、それは必ず表に現われます。つまり、常に前へ進む気力さえ失わなければ、若さはいつも向こうからついてくる、というのが私の信念です。

そのよい例が芸術家です。八十歳、九十歳でなお毎日制作に励み、工夫を凝らし、第一線に立つ。そういう気魄《きはく》を失わない方が少なくありません。それらの方々は、組織の上に乗っている経営者と違って、定年もなければ引退もありません。生きているかぎり、自分との戦いが続きます。常に自己観照することで進むべき道を探り、前進するエネルギーをみずから生み出していかなければなりません。自分しか頼るものがない。その緊張感が若さを保ち、エネルギーを生むのだと思います。

私は、数え年の八十歳を機に会長を退任し、相談役になりました。松下電器創業五十五周年にもあたり、一つの区切りをつけてよい時期だと思ったからです。しかし、これは会長という一つの役職からの退任であって、人生から引退したつもりは毛頭ありません。いや、むしろ引退してはいけないと思っているのです。

今のわが国は、明治、大正、昭和の三代の人々によって動かされています。数からいえば昭和が圧倒的に多く、明治生まれは、若い人でも七十歳に近く、なんとなく一線を退《ひ》かざるを得ないような立場にいる人も少なくないようです。

退く、退かないはその人の自由です。しかし、現在の社会情勢、経済環境は決して万全とはいえません。会社や職場を離れても、明治の人の豊かな経験と知識は大いに社会に役立てるべきでしょう。

私も、茶をたしなむ程度の趣味はないわけではありませんが、今の心境は、次々となすべきことに思いが走り、とても悠々自適とはいきません。偉大な画家、葛飾北斎は、九十歳で死ぬとき、「もう十年、百まで生きたい、まだやることがたくさんあったのに……」と残念がったといいますが、私も、もう間近に迫った二十一世紀まで、心の若さを保ちつつ生き続けたいものと念じているのです。

あとがき（旧版）

　商売のコツ、経営のコツというものは、私は決してひと通りしかないというものではないと思います。基本的な考え方においては共通するものがあるとしても、そのかたちは、いわば経営者の数だけある。経営者それぞれに異なったものであっていいし、またそうでなければならないと思います。

　人にはそれぞれ独自の個性、持ち味というものがあります。ですから、それぞれの人が、基本の考え方をふまえつつも、その個性、持ち味を生かして、その時々に応じた商売、経営の進め方を工夫、実践していくことこそ大切で、そういうところからそれぞれの事業の力強い発展も、社会全体の向上、発展も生み出されてくるのではないかと思うのです。

　まえがきでも申しましたように、本書に示したのは、六十年の経営体験を通じて得た私なりの行き方、考え方であり、しかもそのごく一端にすぎません。しかしそれらを、これから皆様がそれぞれの持ち味に応じた独自の商売、経営を力強く展開していかれる上で、多少なりともお役立ていただければ、と願い念じている次第です。

『実践経営哲学』は一九七八年六月に、『経営のコツここなりと気づいた価値は百万両』は一九八〇年三月に、いずれもＰＨＰ研究所より刊行された。

■松下幸之助略年譜

年	年齢	事項
明治二十七（一八九四）		十一月二十七日、和歌山県海草郡和佐村字千旦ノ木（現和歌山市禰宜〈ねぎ〉）で松下政楠、とく枝の三男として出生
三十二（一八九九）	4	父・政楠が米相場に失敗、和歌山市内に移住
三十七（一九〇四）	9	尋常小学校を四年で退学、単身大阪に出て宮田火鉢店に奉公
三十八（一九〇五）	10	五代自転車商会に奉公
三十九（一九〇六）	11	父・政楠病没
四十三（一九一〇）	15	大阪電燈㈱に内線係見習工として入社
四十四（一九一一）	16	内線係見習工から最年少で工事担当者に昇格
大正　二（一九一三）	18	母・とく枝病没
四（一九一五）	20	井植むめの（十九歳）と結婚
六（一九一七）	22	工事担当者から最年少で検査員に昇格
		大阪電燈㈱を退社、大阪・猪飼野でソケットの製造販売に着手
七（一九一八）	23	三月七日、大阪市北区西野田大開町（現福島区大開）に松下電気器具製作所開設
		アタッチメント・プラグ、二灯用差し込みプラグの製造販売開始

十二（一九二三）	28	砲弾型電池式自転車ランプを考案発売
十四（一九二五）	30	連合区会議員選挙に推されて立候補し、二位で当選
昭和　二（一九二七）	32	角型ランプに初めて「ナショナル」の商標をつけて発売
四（一九二九）	34	松下電器製作所と改称。綱領・信条を制定し、松下電器の基本方針を明示
		世界恐慌となったが、半日勤務、生産半減、給与全額支給とし、従業員を解雇することなく不況を乗り切る
六（一九三一）	36	ラジオ受信機がＮＨＫ東京のラジオセットコンクールで一等に
		乾電池の自社生産開始
七（一九三二）	37	五月五日を創業記念日に制定、第一回創業記念式を挙行し、産業人の使命を闡明（せんめい）、この年を命知元年とする
八（一九三三）	38	事業部制を実施
		朝会・夕会を全事業所で開始
		大阪府北河内郡門真村（現門真市）に本店を移す
		「松下電器の遵奉すべき五精神」（昭和十二年、七精神に）を制定
九（一九三四）	39	松下電器店員養成所開校、所長に就任
十（一九三五）	40	松下電器製作所を株式会社組織とし、松下電器産業㈱を設立。同時に従来の事業部制を分社制とし、九分社を設立

昭和 十五（一九四〇）	45	第一回経営方針発表会を開催（以後、毎年開催）
十八（一九四三）	48	軍の要請で松下造船㈱、松下飛行機㈱を設立
二十（一九四五）	50	終戦。その翌日、幹部社員を集め、平和産業への復帰を通じて祖国の再建を呼びかける
		続いて八月二十日、「松下電器全従業員諸君に告ぐ」の特別訓示を行い、難局に処する覚悟を訴える
二十一（一九四六）	51	松下電器及び幸之助が、GHQから財閥家族の指定、公職追放の指定等七つの制限を受ける（昭和二十一年三月～二十三年二月）
		全国代理店、松下産業労働組合が公職追放除外嘆願運動を展開
		十一月三日、PHP研究所を創設、所長に就任
二十四（一九四九）	54	企業再建合理化のため、初めて希望退職者を出す
		負債十億円となり、税金滞納王と報道される
二十五（一九五〇）	55	諸制限の解除によって状況好転、経営も危機を脱する
		緊急経営方針発表会で「嵐のふきすさぶなかに松下電器はいよいよ立ち上がった」と経営再建を声明
二十六（一九五一）	56	年頭の経営方針発表会で「〝松下電器はきょうから再び開業する〟の心構えで経営にあたりたい」と訴える

		第一回、第二回欧米視察
二十七（一九五二）	57	渡欧、オランダのフィリップス社との技術提携成立
三十六（一九六一）	66	松下電器産業㈱社長を退き、会長に就任
三十七（一九六二）	67	『タイム』誌のカバーストーリーで世界に紹介される
三十九（一九六四）	69	熱海で全国販売会社代理店社長懇談会を開催
四十三（一九六八）	73	松下電器創業五十周年記念式典を挙行
四十七（一九七二）	77	『人間を考える――新しい人間観の提唱』刊行
四十八（一九七三）	78	松下電器産業㈱会長を退き、相談役に就任
五十四（一九七九）	84	㈶松下政経塾を設立、理事長兼塾長に就任
五十六（一九八一）	86	勲一等旭日大綬章を受章
五十七（一九八二）	87	㈶大阪21世紀協会会長に就任
五十八（一九八三）	88	㈶国際科学技術財団を設立、会長に就任
六十二（一九八七）	92	勲一等旭日桐花大綬章を受章
六十三（一九八八）	93	㈶松下国際財団を設立、会長に就任
平成　元（一九八九）	94	四月二十七日午前十時六分、死去

[著者略歴]

松下幸之助（まつした・こうのすけ）

パナソニック（旧松下電器産業）グループ創業者、ＰＨＰ研究所創設者。明治27（1894）年、和歌山県に生まれる。９歳で単身大阪に出、火鉢店、自転車店に奉公ののち、大阪電燈（現関西電力）に勤務。大正７（1918）年、23歳で松下電気器具製作所（昭和10年に松下電器産業に改称）を創業。昭和21（1946）年には、「Peace and Happiness through Prosperity＝繁栄によって平和と幸福を」のスローガンを掲げてＰＨＰ研究所を創設。昭和54（1979）年、21世紀を担う指導者の育成を目的に、松下政経塾を設立。平成元（1989）年に94歳で没。

カバー写真：貝塚 裕

PHPビジネス新書 松下幸之助ライブラリー M05

実践経営哲学／経営のコツここなりと気づいた価値は百万両

2014年７月４日　第１版第１刷発行

著　者　松下幸之助
発行者　小林成彦
発行所　株式会社ＰＨＰ研究所
東京本部　〒102-8331　千代田区一番町21
新書出版部　☎03-3239-6298（編集）
普及一部　☎03-3239-6233（販売）
京都本部　〒601-8411　京都市南区西九条北ノ内町11
PHP INTERFACE　http://www.php.co.jp/
装　幀　齋藤　稔＋印牧真和
制作協力・組版　株式会社PHPエディターズ・グループ
印刷所
製本所　図書印刷株式会社

ISBN978-4-569-82005-7